智慧财经专业群建设新形态教材

会计实务学习指导

（活页式）

主　编　谢　静　战少慧
副主编　刘芙蓉　冯　丽

同济大学出版社·上海
TONGJI UNIVERSITY PRESS · SHANGHAI

内容提要

本书以财政部2006年以来颁布的《企业会计准则》中的基本准则和42项具体会计准则为依据，结合高等职业教育大数据与会计、大数据与财务管理及其他相关专业标准中的会计实务课程标准，按项目化教学需要，结合初级会计考试和职业院校会计技能大赛、大学生科技节智慧企业财税审大赛等比赛内容，梳理会计实务中涉及的各项业务，将零碎的知识点提炼、梳理、编写成业务体系，对典型业务进行详细分析，并总结同类业务供学生练习，实现"课岗赛证"融合。

本书课程内容共划分为十二个项目，在每个项目内划分若干任务。积极倡导自主合作、探究的学习方式，强调教材的实践性与体验性；本书根据学生学习特点编写，易学易懂，便于教师因材施教。

本书适用于大数据与会计专业、大数据与财务管理专业学生以及财会工作从业人员使用。

图书在版编目（CIP）数据

会计实务学习指导 / 谢静，战少慧主编. -- 上海 : 同济大学出版社，2022.11
ISBN 978-7-5765-0500-9

Ⅰ. ①会… Ⅱ. ①谢…②战… Ⅲ. ①会计实务 Ⅳ. ①F233

中国版本图书馆CIP数据核字(2022)第233651号

会计实务学习指导

主编 谢　静　战少慧　**副主编** 刘芙蓉　冯　丽
责任编辑 杨　艳　**助理编辑** 张瀚文　**责任校对** 徐逢乔　**封面设计** 潘向蓁

出版发行 同济大学出版社 www.tongjipress.com.cn
（地址：上海市四平路1239号　邮编：200092　电话：021-65985622）
经　销 全国各地新华书店
印　刷 浙江广育爱多印务有限公司
开　本 787mm × 1092mm　1/16
印　张 10
字　数 250 000
版　次 2022年11月第1版
印　次 2022年11月第1次印刷
书　号 ISBN 978-7-5765-0500-9

定　价 48.00元

PREFACE 前言

根据《教育部、财政部关于实施国家示范性高等职业院校建设计划—加快高等职业教育改革与发展的意见》（教高〔2006〕14号）的要求，我们以财政部2006年以来颁布的《企业会计准则》中的基本准则和42项具体准则为依据，结合高等职业教育大数据与会计、大数据与财务管理及其他相关专业标准中的会计实务课程标准，编写本学习指导供高等职业院校大数据与会计、大数据与财务管理等相关专业的学生及其他财会工作从业人员学习使用。

本教材以习近平新时代中国特色社会主义思想为指导，深入贯彻党的二十大精神，坚持党的领导，坚持正确办学方向，坚持立德树人，弘扬工匠精神，旨在培养财经类高素质技术人才，为全面建设社会主义现代化国家提供强有力的人才和技能支撑。

本书响应教育部全面推进高等学校课程思政建设工作的要求，融入思政教育元素，引导学生：

1. 遵守法律、会计准则的规定，遵守单位各项规章制度，守住法律和道德底线。

2. 遵循八项会计职业道德的基本要求：爱岗敬业、诚实守信、廉洁自律、客观公正、坚持准则、提高技能、参与管理、强化服务。

3. 坚定职业操守，抵制诱惑。

4. 树立终身学习的理念，不断学习会计准则、税收法规相关知识和人工智能、大数据会计等技术。

5. 具有极强的专业性，做到精益求精。

6. 培养积极、细致、认真、谨慎的工作态度。

本书按项目化教学需要，将零碎的知识点提炼、梳理，编写成业务体系，对典型业务进行详细分析，并总结同类业务供学生练习处理，梳理会计实务中涉及的各项业务，实现

“课岗赛证”融合。可配合财政部会计资格评价中心编著的《初级会计实务》教材或其他国家规划教材使用，使学生把握课程主线，帮助学生掌握财会工作的核心技能，如账务处理技能等。

本教材由山东圣翰财贸职业学院谢静、战少慧担任主编，山东圣翰财贸职业学院刘芙蓉、冯丽担任副主编。各项目编写分工为：项目一、二、十一由冯丽编写，项目三、四、十由刘芙蓉编写，项目五、六、八、九由谢静编写，项目七由曹井花编写，项目十二由战少慧编写。全书由谢静进行总纂。

本书在编写、修订过程中参考了一些相关著作、教材，在此对有关作者表示衷心的感谢。由于编者水平有限，书中难免有疏漏和不当之处，竭诚欢迎广大读者不吝指正，以便我们今后不断修改和完善。

编 者

2022年11月

CONTENTS

目录

项目一　货币资金业务

任务一　库存现金

【会计分录点睛】

1．从银行提取现金，备用 / 以备发放工资

借：库存现金

　　贷：银行存款

2．将现金存入银行

借：银行存款

　　贷：库存现金

3．用现金购买办公用品

借：管理费用

　　应交税费——应交增值税（进项税额）

　　贷：库存现金

4．出差预借差旅费

借：其他应收款——××

　　贷：库存现金

5．报销差旅费

借：管理费用 / 销售费用

　　库存现金

　　贷：其他应收款——××

6. 库存现金盘盈（长款）

（1）调账

借：库存现金

　　贷：待处理财产损溢

（2）经批准处理

借：待处理财产损溢

　　贷：其他应付款——××　（应支付给有关人员或单位的部分）

　　　　营业外收入　（无法查明原因的部分）

7. 库存现金盘亏（短款）

（1）调账

借：待处理财产损溢

　　贷：库存现金

（2）经批准处理

借：其他应收款——××　（应由责任人 / 保险公司赔偿的部分）

　　管理费用　（无法查明原因的部分）

　　贷：待处理财产损溢

【经典业务详解】

1. 光明公司为增值税一般纳税人，20×× 年 3 月 31 日，在现金清查过程中，发现库存现金较账面余额多出 800 元。经查其中 500 元为应付 A 单位的账款，其余部分原因不明。

< 解析 >

光明公司编制相关会计分录：

	借方	贷方
借：库存现金	800	
贷：待处理财产损溢		800
借：待处理财产损溢	800	
贷：其他应付款——A 单位		500
营业外收入		300

2. 光明公司为增值税一般纳税人，20×× 年 4 月 30 日现金清查过程中，发现库存现金较账面余额短缺 600 元。经查现金的短缺属于出纳员张三的责任，责任人赔偿 400 元，其余部分原因不明（一般认为是管理问题）。

< 解析 >

光明公司编制相关会计分录：

借：待处理财产损溢　　　　　　　　　　　　600
　　贷：库存现金　　　　　　　　　　　　　　600
借：其他应收款——张三　　　　　　　　　　400
　　管理费用　　　　　　　　　　　　　　　200
　　贷：待处理财产损溢　　　　　　　　　　　600

【经济业务集锦】

1. 20×× 年 12 月 31 日，某企业进行现金清查，发现库存现金短缺 300 元。经批准，应由出纳员赔偿 180 元，其余 120 元无法查明原因，由企业承担损失。编制相关经济业务的会计分录。

2. 20×× 年 12 月 31 日，在现金清查过程中，甲企业发现库存现金较账面余额多出 700 元。经查其中 400 元为应付 A 单位的账款，其余部分原因不明，报经批准后，计入营业外收入。编制相关经济业务的会计分录。

3. 20×× 年 2 月，甲有限责任公司发生下列经济业务：

（1）1 日，签发现金支票支取现金 3 000 元备用。

（2）10 日，行政管理部门王皓填写借款单借现金 800 元出差。

（3）15 日，王皓报销差旅费 600 元，余款退回。

（4）21 日，盘点库存现金发现溢余 50 元。

（5）22 日，现金溢余原因无法查明，经批准转入营业外收入。

编制相关经济业务的会计分录。

4. 甲企业为增值税一般纳税人，20×× 年 12 月发生以下经济业务：

（1）从银行提取现金 60 000 元，以备发放工资。

（2）将现金 3 000 元存入银行账户。

编制相关经济业务的会计分录。

5. 甲企业为增值税一般纳税人，20×× 年 12 月发生以下经济业务：

（1）10 日，销售部门王伟填写借款单借现金 2 000 元出差。

（2）15 日，王伟报销差旅费 1 600 元，余款退回。

编制相关经济业务的会计分录。

6. 甲企业为增值税一般纳税人，20×× 年 9 月 1 日，以现金形式支付管理部门购买办公用品费 100 元。编制相关经济业务的会计分录。

7. 甲企业为增值税一般纳税人，20×× 年 9 月 3 日，收到仓库出售废旧物资款现金 400 元。编制相关经济业务的会计分录。

任务二 银行存款

【会计分录点睛】

1. 收到前欠货款

借：银行存款

　　贷：应收账款——××

2. 收到销售货款

借：银行存款

　　贷：主营业务收入

　　　　应交税费——应交增值税（销项税额）

3. 购入原材料支付货款

借：原材料——甲材料

　　应交税费——应交增值税（进项税额）

　　贷：银行存款

4. 支付前欠货款

借：应付账款 / 应付票据——××

　　贷：银行存款

【经典业务详解】

1. 归梦公司为增值税一般纳税人，20×× 年 9 月，发生如下经济业务：

（1）10 日，开出现金支票一张，从银行提取现金 70 000 元备发工资。根据现金支票存根编制会计分录。

（2）11 日，收到银行转来 A 公司前欠货款 50 000 元。根据银行转来的收账通知编制会计分录。

（3）12 日，为本日销货款 11 300 元（其中含增值税 1 300 元）填制进账单送存银行。根据进账单回单等原始凭证编制会计分录。

（4）14 日，购进甲材料一批，取得的增值税专用发票注明价款 8 000 元，增值税 1 040 元，材料已验收入库，签发转账支票付讫。根据转账支票存根及发票等原始凭证编制会计分录。

< 解析 >

（1）借：库存现金　　　　70 000

　　　　贷：银行存款　　　　70 000

（2）借：银行存款　　　　　　　　　　50 000

　　　贷：应收账款——A公司　　　　　　　　50 000

（3）借：银行存款　　　　　　　　　　11 300

　　　贷：主营业务收入　　　　　　　　　　10 000

　　　　　应交税费——应交增值税（销项税额）　1 300

（4）借：原材料——甲材料　　　　　　　8 000

　　　应交税费——应交增值税（进项税额）　1 040

　　　贷：银行存款　　　　　　　　　　　　9 040

2. 前途公司20××年3月31日银行存款日记账的余额为550万元，银行转来对账单的余额为885万元。经逐笔核对，发现以下未达账项：

（1）企业送存转账支票350万元，并已登记银行存款增加，但银行尚未记账。

（2）企业开出转账支票485万元，并已登记银行存款减少，但持票单位尚未到银行办理转账，银行尚未记账。

（3）企业委托银行代收某公司购货款220万元，银行已收妥并登记入账，但企业尚未收到收款通知，尚未记账。

（4）银行代企业支付网络流量费20万元，银行已登记企业银行存款减少，但企业未收到银行付款通知，尚未记账。

根据以上资料编制银行存款余额调节表。

<解析>

银行存款余额调节表

单位：万元

项目	余额	项目	金额
银行存款日记账	550	银行对账单余额	885
加：银行已收、企业未收	220	加：企业已收、银行未收	350
减：银行已付、企业未付	20	减：企业已付、银行未付	485
调节后的余额	750	调节后的余额	750

【经济业务集锦】

1. 甲公司20××年12月31日银行存款日记账的余额为5 400 000元，银行转来对账单的余额为8 300 000元。经逐笔核对，发现以下未达账项：

（1）企业送存转账支票6 000 000元，并已登记银行存款增加，但银行尚未记账。

（2）企业开出转账支票4 500 000元，但持票单位尚未到银行办理转账，银行尚未记账。

（3）企业委托银行代收某公司购货款 4 800 000 元，银行已收妥并登记入账，但企业尚未收到收款通知，尚未登记。

（4）银行代企业支付电话费 400 000 元，银行已登记减少企业银行存款，但企业未收到银行付款通知，尚未记账。

根据以上资料编制银行存款余额调节表。

2．甲公司 20×× 年 12 月份发生与银行存款有关的业务如下：

（1）28 日，甲公司收到 A 公司开出的 480 万元转账支票，交存银行。该笔款项系 A 公司违约支付的赔款，甲公司将其计入当期损益。29 日，甲公司开出转账支票支付 B 公司咨询费 360 万元，并于当日交给 B 公司。

（2）31 日，甲公司银行存款日记账余额为 432 万元，银行转来对账单余额为 664 万元。经逐笔核对，发现以下未达账项：

①甲公司已将 28 日收到的 A 公司赔款登记入账，但银行尚未记账。

② B 公司尚未将 29 日收到的支票送存银行。

③甲公司委托银行代收 C 公司购货款 384 万元，银行已于 30 日收妥并登记入账，但甲公司尚未收到收款通知。

④ 12 月份甲公司发生借款利息 32 万元，银行已减少其存款，但甲公司尚未收到银行的付款通知。

（1）编制甲公司业务（1）的会计分录。

（2）根据上述资料编制甲公司银行存款余额调节表（答案中的金额单位用万元表示）。

银行存款余额调节表

单位：万元

项目	余额	项目	金额
银行存款日记账 加：银行已收、企业未收 减：银行已付、企业未付		银行对账单余额 加：企业已收、银行未收 减：企业已付、银行未付	
调节后的余额		调节后的余额	

任务三 其他货币资金

【会计分录点睛】

1．银行本票

（1）取得银行本票时

借：其他货币资金——银行本票

　　贷：银行存款

（2）用银行本票支付购货款等款项后

借：原材料 / 在途物资 / 库存商品等

　　应交税费——应交增值税（进项税额）

　　贷：其他货币资金——银行本票

（3）如企业因本票超过付款期等原因未曾使用而要求银行退款时

借：银行存款

　　贷：其他货币资金——银行本票

2．银行汇票存款

（1）取得银行汇票时

借：其他货币资金——银行汇票

　　贷：银行存款

（2）使用银行汇票付款后

借：原材料 / 在途物资 / 库存商品等

　　应交税费——应交增值税（进项税额）

　　贷：其他货币资金——银行汇票

（3）多余款项退回时

借：银行存款

　　贷：其他货币资金——银行汇票

3．信用卡存款

（1）申领信用卡或续存资金时

借：其他货币资金——信用卡

　　贷：银行存款

（2）购货或支付有关费用时

借：原材料 / 在途物资 / 库存商品等

应交税费——应交增值税（进项税额）

管理费用等

贷：其他货币资金——信用卡

4. 信用证保证金

（1）企业向银行缴纳保证金后

借：其他货币资金——信用证保证金

贷：银行存款

（2）用信用证付款后

借：原材料 / 在途物资 / 库存商品等

应交税费——应交增值税（进项税额）

贷：其他货币资金——信用证保证金

5. 外埠存款

（1）取得时

借：其他货币资金——外埠存款

贷：银行存款等

（2）用于支付时

借：原材料 / 在途物资等

应交税费——应交增值税（进项税额）

贷：其他货币资金——外埠存款

（3）收到退回的多余款项时

借：银行存款

贷：其他货币资金——外埠存款

6. 存出投资款

（1）企业向证券公司划出资金时

借：其他货币资金——存出投资款

贷：银行存款

（2）购买股票、债券等时

借：交易性金融资产——成本

贷：其他货币资金——存出投资款

【经典业务详解】

1. 光明公司为增值税一般纳税人，20×× 年 2 月 14 日，向银行申请办理银行汇票用以购买原材料，将款项 250 000 元交存银行转作银行汇票存款。根据银行盖章退回的申请书存根联编制会计分录。

<解析>

借：其他货币资金——银行汇票 250 000
　贷：银行存款 250 000

2. 前途公司为增值税一般纳税人，20×× 年 3 月 5 日购入原材料一批，已验收入库，取得的增值税专用发票上的价款为 200 000 元，增值税税额为 26 000 元，已用银行汇票办理结算，多余款项 24 000 元退回开户银行，公司已收到开户银行转来的银行汇票第四联（多余款收账通知）。

<解析>

（1）用银行汇票结算材料价款和增值税款时

借：原材料 200 000
　　应交税费——应交增值税（进项税额） 26 000
　贷：其他货币资金——银行汇票 226 000

（2）收到退回的银行汇票多余款项时

借：银行存款 24 000
　贷：其他货币资金——银行汇票 24 000

【经济业务集锦】

1. 甲企业为增值税一般纳税人，20×× 年 3 月 14 日为取得银行本票，向银行填交“银行本票申请书”，并将 10 000 元银行存款转作银行本票存款。企业取得银行本票后，应根据银行盖章退回的银行本票申请书存根联填制银行付款凭证。甲企业用银行本票购买办公用品 10 000 元。编制上述经济业务的会计分录。

2. （1）甲公司派采购员到异地采购原材料，20×× 年 8 月 10 日委托开户银行汇款 100 000 元到采购地设立采购专户，根据收到的银行汇款凭证回单联入账。

（2）20×× 年 8 月 20 日，采购员交来从采购专户付款购入材料的有关凭证，增值税专用发票上的原材料价款为 80 000 元，增值税税额为 10 400 元。

（3）20×× 年 8 月 30 日，收到开户银行的收款通知，该采购专户中的结余款项已经转回。编制上述经济业务的会计分录。

3. 甲企业于 20×× 年 8 月 24 日向银行申请信用卡，向银行交存 50 000 元。20×× 年 9 月 10 日，该公司用信用卡向新华文具店支付款项 3 000 元，取得的增值税专用发票上注明的增值税税额为 390 元。编制上述经济业务的会计分录。

项目二　应收款项业务

任务一　应收票据

【会计分录点睛】

1. 因销售商品、提供服务等而收到商业汇票

借：应收票据

　　贷：主营业务收入

　　应交税费——应交增值税（销项税额）

2. 应收账款改用应收票据核算（收到票据抵偿之前的应收账款）

借：应收票据

　　贷：应收账款

3. 将持有的商业汇票背书转让，以取得所需物资

借：原材料等

　　应交税费——应交增值税（进项税额）

　　贷：应收票据

　　　　银行存款等　（支付差额款）

4. 票据到期收回

借：银行存款等

　　贷：应收票据

5. 票据贴现

借：银行存款

财务费用

贷：应收票据

6. 票据到期不能收到款

借：应收账款——××

贷：应收票据

【经典业务详解】

1. 光明公司为增值税一般纳税人，20××年9月1日向前途公司（为增值税一般纳税人）销售一批产品，价款为1 500 000元，尚未收到，已办妥托收手续，适用的增值税税率为13%。

< 解析 >

光明公司应编制如下会计分录：

借：应收账款——前途公司	1 695 000	
贷：主营业务收入		1 500 000
应交税费——应交增值税（销项税额）		195 000

2. 20××年9月15日，光明公司收到前途公司寄来的一张3个月期的银行承兑汇票，面值为1 695 000元，抵付所销售产品的价款和增值税款。

< 解析 >

光明公司应编制如下会计分录：

借：应收票据	1 695 000	
贷：应收账款——前途公司		1 695 000

3. 20××年12月15日，光明公司持有的上述应收票据到期，收回票面金额1 695 000元存入银行。

< 解析 >

光明公司应编制如下会计分录：

借：银行存款	1 695 000	
贷：应收票据		1 695 000

4. 假定光明公司于20××年10月15日将上述应收票据背书转让，以取得生产经营所需的A种材料，该材料价款为1 500 000元，适用的增值税税率为13%。

< 解析 >

光明公司应编制如下会计分录：

借：原材料——A材料	1 500 000	

应交税费——应交增值税（进项税额） 195 000

贷：应收票据 1 695 000

【经济业务集锦】

1．甲公司为增值税一般纳税人，20×× 年 9 月 1 日向乙公司（增值税一般纳税人）销售一批产品，价款为 100 000 元，适用的增值税税率为 13%，收到乙公司签发的一张 3 个月期的银行承兑汇票，面值为 113 000 元，到期甲公司收到款。编制上述经济业务的会计分录。

2．甲公司于 20×× 年 10 月 15 日将上述应收票据背书转让，以取得生产经营所需的 A 种材料，该材料价款为 100 000 元，适用的增值税税率为 13%。编制上述经济业务的会计分录。

3．20×× 年，丙企业发生下列经济业务：

（1）6 月 20 日，销售给 A 公司商品一批，价款为 30 000 元，增值税 3 900 元，货款暂未收到。

（2）7 月 20 日，收到 A 公司开具的期限为 1 个月的商业承兑汇票。

（3）8 月 20 日，未按期收到款。

编制丙企业上述经济业务的会计分录。

任务二 应收账款

【会计分录点睛】

1．赊销商品，确认应收账款

借：应收账款——×× 企业

贷：主营业务收入

应交税费——应交增值税（销项税额）

2．企业代购货单位垫付的包装费、运杂费等

借：应收账款——×× 企业

贷：银行存款

3．收回应收账款

借：银行存款

　　贷：应收账款——×× 企业

4. 企业应收账款改用商业汇票结算

借：应收票据

　　贷：应收账款——×× 企业

5. 存在商业折扣（按折扣后的金额入账）

借：应收账款——×× 企业　　　（折扣后金额）

　　贷：主营业务收入　　　　　（折扣后金额）

　　　　应交税费——应交增值税（销项税额）（折扣后金额）

6. 存在现金折扣（总价法，按折扣前的金额入账）

（1）销售时

借：应收账款——×× 企业　　　　（折扣前金额）

　　贷：主营业务收入　　　　　　（折扣前金额）

　　　　应交税费——应交增值税（销项税额）（折扣前金额）

（2）收款时

借：银行存款　　　　　（实际收款额）

　　财务费用　　　　　（现金折扣额）

　　贷：应收账款——×× 企业

【经典业务详解】

1. 光明公司为增值税一般纳税人，采用托收承付结算方式向前途公司（增值税一般纳税人）销售商品一批，取得的增值税专用发票上注明的价款为 300 000 元，增值税税额为 39 000 元，以银行存款代垫运杂费 9 000 元（不考虑增值税），已办理托收手续。

<解析>

光明公司应编制如下会计分录：

借：应收账款——前途公司　　　　348 000

　　贷：主营业务收入　　　　　　　　300 000

　　　　应交税费——应交增值税（销项税额）　39 000

　　　　银行存款　　　　　　　　　　9 000

【假设 1】光明公司实际收到款项时，应编制如下会计分录：

借：银行存款　　　　　　　　348 000

　　贷：应收账款——前途公司　　　　348 000

【假设2】光明公司收到前途公司交来的商业承兑汇票一张，面值348 000元，用以偿还其前欠价款。光明公司应编制如下会计分录：

借：应收票据　　348 000

　贷：应收账款——前途公司　　348 000

2. 宜秋公司为增值税一般纳税人，销售商品适用的增值税税率为13%。20××年5月2日，宜秋公司向天末公司销售A产品200件，标价为1 000元/件，因天末公司采购数量较大，故宜秋公司给予天末公司10%的折扣。5月13日，宜秋公司收到全部款项并存入银行。

<解析>

宜秋公司应编制如下会计分录：

（1）5月2日销售时

借：应收账款——天末公司　　203 400

　贷：主营业务收入　　180 000

　　应交税费——应交增值税（销项税额）　　23 400

（2）5月13日收款时

借：银行存款　　203 400

　贷：应收账款——天末公司　　203 400

3. 同众公司为增值税一般纳税人，销售商品适用的增值税税率为13%。20××年5月8日，同众公司向荣盛公司销售B产品一批，开具的增值税专用发票注明价款为100 000元，增值税税额为13 000元，双方约定的现金折扣条件为（2/10，1/20，N/30），假定计算现金折扣时不考虑增值税。

<解析>

同众公司应编制如下会计分录：

（1）5月8日销售时

借：应收账款——荣盛公司　　113 000

　贷：主营业务收入　　100 000

　　应交税费——应交增值税（销项税额）　　13 000

（2）如果同众公司在10日内收款

折扣额=100 000×2%=2 000（元）

收款额=113 000−2 000=111 000（元）

借：银行存款　　111 000

　财务费用　　2 000

贷：应收账款——荣盛公司 113 000

（3）如果同众公司在 11~20 日内收款

折扣额 =100 000×1%=1 000（元）

收款额 =113 000−1 000=112 000（元）

借：银行存款 112 000

财务费用 1 000

贷：应收账款——荣盛公司 113 000

（4）如果同众公司在 21~30 日内收款

无折扣额

收款额 =113 000（元）

借：银行存款 113 000

贷：应收账款——荣盛公司 113 000

【经济业务集锦】

1. 甲公司为增值税一般纳税人，采用托收承付结算方式向乙公司（增值税一般纳税人）销售商品一批，取得的增值税专用发票上注明的价款为 100 000 元，增值税税额为 13 000 元，以银行存款代垫运杂费 9 000 元，已办理托收手续。编制甲公司上述经济业务的会计分录。

2. （1）甲公司为一般纳税人，20×× 年 9 月 1 日向乙公司（增值税一般纳税人）销售一批产品，价款为 500 000 元，尚未收到，已办妥托收手续，适用的增值税税率为 13%。

（2）20×× 年 9 月 15 日，甲公司收到乙公司一张 3 个月期的商业承兑汇票，面值为 565 000 元，抵付产品货款。

（3）20×× 年 12 月 15 日，甲公司将上述应收票据到期收回票面金额 565 000 元存入银行。编制甲公司上述经济业务的会计分录。

3. 甲公司为增值税一般纳税人，销售商品适用的增值税税率为 13%。20×× 年 3 月 7 日，向乙公司销售 A 产品 2 000 件，标价为 500 元 / 件，因双方长期合作，乙公司采购数量较大，故甲公司给予乙公司 5% 的折扣。3 月 15 日，甲公司收到全部款项并存入银行。编制甲公司上述经济业务的会计分录。

4. 甲公司为增值税一般纳税人，销售商品适用的增值税税率为 13%。20×× 年 4 月 2 日，向乙公司销售 B 产品一批，开具的增值税专用发票注明价款为 300 000 元，增值税税额为 39 000 元，双方约定的现金折扣条件为（2/10，1/20，N/30），假定计算现金折扣时不考虑增值税。4 月 8 日，甲公司收到全部款项并存入银行。编制甲公司上述经济业务的会计分录。

5. 甲公司为增值税一般纳税人，20×× 年 9 月 1 日销售 A 商品 1 000 件并开具增值税专用发票，每件商品的标价为 200 元（不含增值税），A 商品适用的增值税税率为 13%，每件商品的实际成本为 120 元。由于是成批销售，甲公司给予客户 10% 的商业折扣，并在销售合同中规定现金折扣条件为（2/10. 1/20，N/30），A 商品于 9 月 1 日发出。假定计算现金折扣不考虑增值税。

（1）编制甲公司 20×× 年 9 月 1 日会计分录。

（2）假如客户于 9 月 9 日付款，编制上述经济业务的会计分录。

（3）假如客户于 9 月 19 日付款，编制上述经济业务的会计分录。

（4）假如客户于 9 月 29 日付款，编制上述经济业务的会计分录。

任务三 预付账款

【会计分录点睛】

1. 企业向供应单位预付款项时

借：预付账款——×× 企业

　　贷：银行存款等

2. 企业收到所购物资时

借：原材料 / 库存商品等

　　应交税费——应交增值税（进项税额）

　　贷：预付账款——×× 企业

3. 补付货款时

借：预付账款——×× 企业

　　贷：银行存款等

4. 收回多余款项时

借：银行存款等

　　贷：预付账款——×× 企业

【经典业务详解】

光明公司为增值税一般纳税人，20×× 年 11 月 3 日向前途公司（为增值税一般纳税人）

采购材料 5 000 千克，每千克单价 10 元，所需支付的价款总计 50 000 元。按照合同规定，当日向前途公司预付价款的50%；11 月 5 日，收到前途公司发来的5 000千克材料，验收无误，增值税专用发票上注明的价款为 50 000 元，增值税税额为 6 500 元；11 月 7 日，以银行存款补付所欠货款 31 500 元。

< 解析 >

光明公司应编制如下会计分录：

（1）11 月 3 日预付 50% 的价款时

借：预付账款——前途公司　　25 000

　　贷：银行存款　　25 000

（2）11 月 5 日收到材料时

借：原材料　　50 000

　　应交税费——应交增值税（进项税额）　　6 500

　　贷：预付账款——前途公司　　56 500

（3）11 月 7 日补付货款时

借：预付账款——前途公司　　31 500

　　贷：银行存款　　31 500

【经济业务集锦】

1. 甲公司向乙公司购买涂料 2 000 千克，每千克单价 10 元，需支付的款项总额 20 000 元。按照合同规定需先向乙公司预付货款的 50%，验收货物后补付其余款项。

（1）编制预付 50% 货款时的会计分录。

（2）收到乙公司发来的 2 000 千克涂料并验收无误。开具的增值税专用发票记载的价款为 20 000 元，增值税税额为 2 600 元，以银行存款补付所欠货款 12 600 元。编制甲公司上述经济业务的会计分录。

2. 甲公司不设“预付账款”账户。20×× 年 5 月 20 日，甲公司向乙公司购买材料 3 000 千克，每千克单价 15 元，需支付的款项总额为 45 000 元。按照合同规定应向乙公司预付货款 20 000 元，验收货物后补付其余款项。

（1）编制预付货款时的会计分录。

（2）收到乙公司发来的 3 000 千克材料并验收无误。开具的增值税专用发票记载的价款为 45 000 元，增值税税额为 5 850 元，以银行存款补付所欠货款。编制甲公司上述经济业务的会计分录。

任务四 其他应收款

【会计分录点睛】

1. 应收的各种赔款、罚款（如因企业固定资产遭受意外损失而应向有关保险公司收取的赔款等）

（1）发生时

借：其他应收款——××

　　贷：固定资产清理 / 待处理财产损溢 / 营业外收入

（2）实际收到时

借：银行存款 / 库存现金

　　贷：其他应收款——××

2. 应收租出包装物的租金

（1）发生时

借：其他应收款——××

　　贷：其他业务收入

　　　　应交税费——应交增值税（销项税额）

（2）实际收到时

借：银行存款 / 库存现金

　　贷：其他应收款——××

3. 应向职工收取的各种垫付款项

（1）企业垫付款项时

借：其他应收款——××

　　贷：库存现金 / 银行存款

（2）从工资中扣减时

借：应付职工薪酬

　　贷：其他应收款——××

4. 存出的保证金（如租入包装物支付的押金）

（1）支付押金时

借：其他应收款——××

　　贷：银行存款

（2）收回押金时

借：银行存款 / 库存现金

　　贷：其他应收款——× ×

5．其他各种应收、暂付款项（如预付职工的差旅费）

（1）发生时

借：其他应收款——× ×

　　贷：库存现金

（2）报销差旅费时

借：管理费用 / 销售费用

　　贷：其他应收款——× ×

　　　　库存现金

【经典业务详解】

1．20× × 年 11 月 10 日，光明公司在采购过程中发生材料毁损，按保险合同规定，应由 × × 保险公司赔偿损失 30 000 元，赔款尚未收到。假定光明公司对原材料采用计划成本法进行日常核算。

< 解析 >

光明公司应编制如下会计分录：

借：其他应收款——× × 保险公司　　30 000

　　贷：材料采购　　30 000

2．承上例，20× × 年 11 月 15 日，光明公司如数收到 × × 保险公司的赔款。

< 解析 >

光明公司应编制如下会计分录：

借：银行存款　　30 000

　　贷：其他应收款——× × 保险公司　　30 000

3．20× × 年 11 月 20 日，光明公司使用银行存款替职工王某垫付应由其个人负担的医疗费 5 000 元，拟从其工资中扣回。

< 解析 >

光明公司应编制如下会计分录：

（1）垫付时

借：其他应收款——王某　　5 000

　　贷：银行存款　　5 000

（2）扣款时

借：应付职工薪酬　　5 000

　　贷：其他应收款——王某　　5 000

【经济业务集锦】

1. 20×× 年 11 月 11 日，甲公司使用银行存款替职工王某垫付应由其个人负担的医疗费 1 000 元。11 月 30 日，在发放当月工资时从其工资中扣回。编制甲公司的会计分录。

2. 20×× 年 11 月 18 日，甲公司向丁公司租用包装物一批，通过银行存款向丁公司支付押金 10 000 元。编制甲公司的会计分录。

3. 承上例，20×× 年 12 月 11 日，甲公司按期如数向丁公司退回所租包装物，并收到丁公司退还的押金 10 000 元，已存入银行。编制甲公司的会计分录。

任务五　坏账准备

【会计分录点睛】

1. 直接转销法

借：银行存款等　　（实际收到款项）

　　管理费用　　（未收到款项）

　　贷：应收账款等

2. 备抵法

（1）计提或补提坏账准备

借：信用减值损失

　　贷：坏账准备

（2）冲减多计提的坏账准备

借：坏账准备

　　贷：信用减值损失

（3）实际发生或确认坏账损失

借：坏账准备

　　贷：应收账款

（4）已确认并转销的应收账款又重新收回

借：应收账款

　　贷：坏账准备

同时

借：银行存款

　　贷：应收账款

　　　　或者合并为一个分录

借：银行存款

　　贷：坏账准备

【经典业务详解】

1．20××年12月31日，光明公司对应收前途公司的账款进行减值测试。应收账款余额合计为1 000 000元，光明公司根据企业会计准则确定应计提坏账准备的金额为100 000元。

<解析>

光明公司应编制如下会计分录：

借：信用减值损失——计提的坏账准备　　100 000

　　贷：坏账准备　　100 000

2．承上例，第二年6月，光明公司应收前途公司的销货款实际发生坏账损失30 000元。

<解析>

光明公司应编制如下会计分录：

借：坏账准备　　30 000

　　贷：应收账款　　30 000

3．承前例，第二年12月31日，光明公司应收前途公司的账款余额为1 200 000元，光明公司对该项应收账款应计提120 000元坏账准备。

<解析>

光明公司应编制如下会计分录：

借：信用减值损失——计提的坏账准备　　50 000

　　贷：坏账准备　　50 000

4．承前例，第三年1月20日，光明公司收回之前已作坏账转销的应收账款20 000元，已存入银行。

<解析>

光明公司应编制如下会计分录：

借：应收账款　　20 000

　　贷：坏账准备　　20 000

借：银行存款　　20 000

　　贷：应收账款　　20 000

【经济业务集锦】

1. 20×0 年 12 月 31 日，甲公司对应收乙公司的账款进行减值测试。应收账款余额合计为 100 万元，甲公司根据企业会计准则确定应计提坏账准备的金额为 10 万元。编制相关会计分录。

2. 承上例，20×1 年 6 月对乙公司的应收账款实际发生坏账损失 3 万元。编制相关会计分录。

3. 承上例，20×2 年 1 月 20 日，收到 20×1 年已转销的坏账 2 万元，已存入银行。编制相关会计分录。

4. 乙企业从 20×8 年开始采用应收账款余额百分比法核算坏账损失，坏账准备计提比例为 5‰，20×8 年 12 月 31 日，“应收账款”余额为 100 万元。

（1）编制 20×8 年 12 月 31 日计提坏账准备的分录。

（2）20×9 年 1 月 7 日，因债务人破产，应收账款 2 000 元不能收回，经批准确认为坏账。编制相关会计分录。

5. 某企业按照应收账款余额的 10% 计提坏账准备。

（1）20×5 年 12 月 31 日应收账款余额 200 万元。

（2）20×6 年 3 月 1 日发生坏账 10 万元。

（3）20×6 年 12 月 31 日应收账款余额 150 万元。

（4）20×7 年 3 月 1 日收回以前确认为坏账的应收账款 10 万元。

（5）20×7 年 12 月 31 日应收账款余额 200 万元。

（6）20×8 年 3 月 1 日发生坏账 30 万元。

（7）20×8 年 12 月 31 日应收账款余额 100 万元。

编制该企业会计分录。

项目三 存货业务

任务一 发出材料的计价方法

【会计分录点睛】

1. 计划成本法

会计期末应将发出的存货和期末结余的存货调整为计划成本。

2. 实际成本法

（1）个别计价法

把每一种存货的实际成本作为计算发出存货成本和期末存货成本的基础。

（2）先进先出法

按照先进先出的原则逐笔登记存货的发出成本和结存金额。

（3）月末一次加权平均法

存货单位成本 =[月初库存存货的实际成本 + Σ（本月各批进货的实际单位成本 × 本月各批进货的数量）] ÷（月初库存存货数量 + 本月各批进货数量之和）

本月发出存货成本 = 本月发出存货数量 × 存货单位成本

本月月末库存存货成本 = 月末库存存货数量 × 存货单位成本

或

本月月末结存存货成本 = 月初结存存货成本 + 本月收入存货成本 – 本月发出存货成本

（4）移动加权平均法

存货单位成本 =（原有库存存货实际成本 + 本次进货实际成本）÷（原有库存存货数

量 + 本次进货数量）

本次发出存货成本 = 本次发出存货数量 × 本次发货前存货单位成本

本月月末库存存货成本 = 月末库存存货数量 × 本月月末存货单位成本

【经典业务详解】

1. 陶然公司采用先进先出法核算发出存货成本。20×× 年 11 月期初结存 M 材料 100 千克，每千克实际成本为 30 元；11 日购入 M 材料 260 千克，每千克实际成本为 23 元；21 日发出 M 材料 250 千克。不考虑其他因素，该企业发出 M 材料的成本为多少元？

< 解析 >

21 日发出材料的成本 =100×30+150×23=6 450（元）

2. 陶然公司采用月末一次加权平均法核算发出材料成本。20×× 年 6 月 1 日结存乙材料 200 件，单位成本 30 元；6 月 10 日购入乙材料 400 件，单位成本 50 元；6 月 20 日购入乙材料 400 件，单位成本 25 元。当月发出乙材料 500 件。不考虑其他因素，该企业 6 月份发出乙材料的成本为多少元？

< 解析 >

6 月份发出乙材料的成本 =（200×30+400×50+400×25）÷（200+400+400）×500=18 000（元）

【经济业务集锦】

A 公司月初结存甲材料 13 吨，每吨单价 8 290 元，本月购入情况如下：3 日购入 5 吨，单价 8 800 元；17 日购入 12 吨，单价 7 900 元。本月领用情况如下：10 日领用 10 吨，28 日领用 10 吨。A 公司采用移动加权平均法计算发出存货成本，计算 A 公司期末结存甲材料成本。

任务二 原材料

【会计分录点睛】

1. 单货同时到

借：原材料——×× 材料

应交税费——应交增值税（进项税额）

贷：银行存款 / 其他货币资金 / 应付票据 / 应付账款 / 预付账款

2. 单到货未到

（1）单到时

借：在途物资

应交税费——应交增值税（进项税额）

贷：银行存款 / 其他货币资金

应付票据 / 应付账款 / 预付账款

（2）货到时

借：原材料——××材料

贷：在途物资

3. 货到单未到

（1）月末仍未收到发票账单时材料按暂估价值入账

借：原材料——××材料

贷：应付账款——暂估应付账款

（2）下月初用红字冲销原暂估入账金额

借：原材料——××材料

贷：应付账款——暂估应付账款

（3）待收到发票账单以后再按“单货同时到”进行会计处理。

4. 自制原材料

借：原材料

贷：生产成本

5. 其他单位投入的原材料

借：原材料

应交税费——应交增值税（进项税额）

贷：实收资本

资本公积——资本溢价

6. 计划成本计价法

借：材料采购

应交税费——应交增值税（进项税额）

贷：银行存款

借：原材料——××材料

贷：材料采购

材料成本差异

7. 计划成本发出材料

（1）按计划成本分别计入

借：生产成本（生产车间生产产品）

制造费用（车间管理部门一般耗用）

销售费用（销售部门耗用）

管理费用（行政管理部门耗用）

在建工程（工程领用）

其他业务成本（销售材料结转成本）

委托加工物资（发出委托外单位加工材料）

贷：原材料——××材料

（2）材料成本差异结转

本期材料成本差异率 =（期初结存材料的成本差异 + 本期验收入库材料的成本差异）÷（期初结存材料的计划成本 + 本期验收入库材料的计划成本）×100%

如果是超支成本差异率（本期材料成本差异率＞100%）

借：生产成本

贷：材料成本差异

如果是节约成本差异率（本期材料成本差异率＜100%）

借：材料成本差异

贷：生产成本

【经典业务详解】

1. 陶然公司为增值税一般纳税人，采用商业承兑汇票支付方式购入 M2 材料一批，增值税专用发票上注明的价款为 60 万元，增值税税额为 7.8 万元，发票账单已收到，计划成本 49 万元，材料已验收入库。

<解析>

借：材料采购——M2 材料　　600 000

应交税费——应交增值税（进项税额）　　78 000

贷：应付票据　　678 000

同时

借：原材料——M2 材料　　490 000

材料成本差异——M2 材料　　110 000

贷：材料采购——M2 材料 600 000

2. 陶然公司（增值税一般纳税人）采用汇兑结算方式购入 F 材料一批，发票及账单已收到，增值税专用发票上记载的货款为 30 000 元，增值税税额为 3 900 元。材料尚未到达。

< 解析 >

借：在途物资 30 000

应交税费——应交增值税（进项税额） 3 900

贷：银行存款 33 900

3. 承上例，上述购入的 F 材料已收到，并验收入库。

< 解析 >

借：原材料——F 材料 30 000

贷：在途物资 30 000

【经济业务集锦】

1. 甲公司购入 H 材料一批，材料已验收入库，月末发票账单尚未收到，也无法确定其实际成本，暂估价值为 40 000 元。编制相关会计分录。

2. 上述购入的 H 材料于次月收到发票账单，增值税专用发票上注明的价款为 41 000 元，增值税税额 5 290 元，已用银行存款付讫。编制相关会计分录。

3. 乙公司为增值税一般纳税人，采用汇兑结算方式购入 M1 材料一批，增值税专用发票上注明的价款为 300 000 元，增值税税额为 39 000 元，发票账单已收到，计划成本为 280 000 元，材料尚未入库，款项已用银行存款支付。编制相关会计分录。

4. 期初材料计划成本 5 000 000 元，超支差异为 900 000 元。本月入库材料计划成本 11 000 000 元，节约差异为 1 700 000 元。本月领用材料计划成本 12 000 000 元。

（1）计算材料成本差异率。

（2）计算领用材料实际成本。

5. 甲公司采用实际成本法核算存货，20×× 年 3 月 31 日，自制原材料验收入库，实际成本为 45 000 元。编制相关会计分录。

6. 甲有限责任公司为增值税一般纳税人，20×× 年 4 月 5 日，接受乙公司投入原材料一批。乙公司提供的增值税专用发票上注明价款 300 000 元，增值税 39 000 元，双方协商按照公允价值入账。编制相关会计分录。

7. 甲公司为增值税一般纳税人，存货核算采用实际成本法。20×× 年 2 月 4 日，甲公司购入 A 材料 5 000 千克，单价为 10 元 / 千克；2 月 6 日，材料运达，共验收入库 4 990 千克，经查为合理损耗，款项用银行存款付讫。编制甲公司相关会计分录，并计算 A 材料单位成本。

任务三 周转材料

【会计分录点睛】

1. 低值易耗品

（1）一次摊销法

领用时

借：制造费用

　　管理费用

　　销售费用等

　　贷：周转材料——低值易耗品

（2）分次摊销法

领用时

借：周转材料——低值易耗品——在用

　　贷：周转材料——低值易耗品——在库

第一次摊销其价值的一半时

借：制造费用

　　贷：周转材料——低值易耗品——摊销

第二次摊销其价值的一半时

借：制造费用

　　贷：周转材料——低值易耗品——摊销

同时

借：周转材料——低值易耗品——摊销

　　贷：周转材料——低值易耗品——在用

2. 包装物

（1）生产领用时，作为产品组成部分

借：生产成本

　　贷：周转材料——包装物

（2）随商品一同出售但不单独计价

借：销售费用

　　贷：周转材料——包装物

（3）随商品出售但单独计价

取得收入时

借：银行存款等

贷：其他业务收入

应交税费——应交增值税（销项税额）

同时结转成本

借：其他业务成本

贷：周转材料——包装物

（4）出租、出借包装物

收到出租、出借包装物押金时

借：库存现金 / 银行存款

贷：其他应付款——×× 企业

退回押金时

借：其他应付款——×× 企业

贷：库存现金 / 银行存款

逾期没收押金时

借：其他应付款——×× 企业

贷：其他业务收入

应交税费——应交增值税（销项税额）

（5）计划成本法下

借：×× 成本费用

材料成本差异（节约差异）

贷：周转材料——包装物

借：×× 成本费用

贷：周转材料——包装物

材料成本差异（超支差异）

【经典业务详解】

1．陶然公司为增值税一般纳税人，对包装物采用计划成本法核算，某月生产产品领用包装物的计划成本为 200 000 元，材料成本差异率为 –3%。

＜解析＞

当月发出包装物应分摊差异金额 =200 000×（–3%）=–6 000（元）

当月发出包装物实际成本 =200 000+（−6 000）=194 000（元）

借：生产成本　　194 000（实际成本）

　　材料成本差异　　6 000

　　贷：周转材料——包装物　　200 000（计划成本）

2. 花隐公司的基本生产车间领用专用工具一批，实际成本为 200 000 元，该专用工具不符合固定资产定义，采用分次摊销法进行摊销。该专用工具的估计使用次数为 2 次。

< 解析 >

花隐公司应编制如下会计分录：

（1）领用专用工具

借：周转材料——低值易耗品——在用　200 000

　　贷：周转材料——低值易耗品——在库　　200 000

（2）第一次摊销其价值的一半

借：制造费用　　100 000

　　贷：周转材料——低值易耗品——摊销　　100 000

（3）第二次摊销其价值的一半

借：制造费用　　100 000

　　贷：周转材料——低值易耗品——摊销　　100 000

同时

借：周转材料——低值易耗品——摊销　200 000

　　贷：周转材料——低值易耗品——在用　　200 000

【经济业务集锦】

1. 甲公司为增值税一般纳税人，对包装物采用计划成本法核算，某月销售商品领用单独计价包装物的计划成本为 80 000 元，销售收入为 200 000 元，取得的增值税专用发票上注明的增值税税额为 26 000 元，款项已存入银行。该包装物的材料成本差异率为 −3%。编制相关会计分录。

2. 甲公司为增值税一般纳税人，对周转材料采用实际成本法核算。在商品销售过程中领用包装物一批，实际成本为 2 000 元，随同产品出售并单独计价，不含增值税售价为 3 000 元，增值税税额为 390 元，款项已收存银行。编制相关会计分录。

3. 甲公司为增值税一般纳税人，对周转材料采用实际成本法核算。一车间向仓库领用一批新的包装物用于出租给乙公司，该批包装物实际成本 20 000 元，出租期限为 1 个月。包装物采用一次摊销法，双方约定包装物的押金 22 000 元，租金 1 000 元，款项均已收存银行。编制相关会计分录。

4. 甲公司的基本生产车间领用一批专用工具，实际成本为 40 000 元，该专用工具不符合固定资产定义，采用分次摊销法进行摊销。该专用工具的估计使用次数为 2 次。编制相关会计分录。

任务四 委托加工物资

【会计分录点睛】

1. 发出物资

借：委托加工物资

　　贷：原材料（计划成本）

差额：材料成本差异（发出节约差异时在借方，发出超支差异时在贷方）

2. 支付加工费、运费等

借：委托加工物资（杂费）

　　应交税费——应交增值税（进项税额）

　　贷：银行存款

3. 加工完成验收入库

借：库存商品 / 周转材料等（计划成本）

　　贷：委托加工物资（实际成本）

差额：材料成本差异

4. 受托方代收代缴的消费税

（1）收回后用于连续生产应税消费品

借：应交税费——应交消费税

　　贷：银行存款

（2）收回后直接用于销售

借：委托加工物资

　　贷：银行存款

【经典业务详解】

1. 陶然公司对材料和委托加工物资采用计划成本法核算，某月委托某量具厂加工一批量具，发出材料的计划成本为 70 000 元，材料成本差异率为 3%。

< 解析 >

借：委托加工物资　　72 100（实际成本）
　　贷：原材料　　70 000（计划成本）
　　　　材料成本差异——×× 材料　　2 100（发出超支差异）

2. 陶然公司以银行存款支付相关运费 1 000 元，增值税专用发票上注明的增值税税额为 90 元。

< 解析 >

借：委托加工物资　　1 000
　　应交税费——应交增值税（进项税额）　　90
　　贷：银行存款　　1 090

3. 陶然公司以银行存款支付上述量具的加工费用 30 000 元，增值税专用发票上注明的增值税税额为 3 900 元。

< 解析 >

借：委托加工物资　　30 000
　　应交税费——应交增值税（进项税额）　　3 900
　　贷：银行存款　　33 900

4. 陶然公司收回某量具厂（增值税一般纳税人）代加工的量具，以银行存款支付运费 3 000 元，增值税专用发票上注明的增值税税额为 270 元。该量具已验收入库，其计划成本为 98 000 元。

< 解析 >

（1）支付运费时

借：委托加工物资　　3 000
　　应交税费——应交增值税（进项税额）　　270
　　贷：银行存款　　3 270

（2）量具入库时

借：周转材料——低值易耗品　　98 000（计划成本）
　　材料成本差异——×× 量具　　8 100（差异）
　　贷：委托加工物资　　106 100（实际成本）

【经济业务集锦】

1. 甲公司为增值税一般纳税人，委托丁公司（增值税一般纳税人）加工一批产品（属于应税消费品）共 10 万件，有关经济业务资料如下：

（1）1 月 20 日，发出材料一批，计划成本为 6 000 000 元，材料成本差异率为 –3%。

（2）2 月 20 日，支付商品加工费 120 000 元，增值税专用发票上注明增值税税额 15 600 元，支付应当交纳的消费税 660 000 元，该商品收回后用于连续生产。

（3）3 月 4 日，用银行存款支付往返运杂费 10 000 元，增值税专用发票上注明增值税税额 1 000 元。

（4）3 月 5 日，上述半成品 10 万件（每件计划成本为 59 元）加工完毕，甲公司已办理验收入库手续。

编制相关经济业务的会计分录。

2. 甲企业为增值税一般纳税人，采用实际成本法核算存货。甲企业委托乙企业将 A 材料加工成 B 材料，B 材料属于应税消费品，加工收回后用于连续生产应税消费品。

（1）2 月 5 日，向乙企业发出 A 材料，实际成本为 23 000 元。

（2）2 月 11 日，用银行存款支付乙企业加工费 2 000 元，增值税 260 元，消费税 220 元。

（3）2 月 20 日，B 材料加工完成，验收入库。

编制相关经济业务的会计分录。

3. 甲企业为增值税一般纳税人，采用实际成本法核算存货。委托乙企业将 A 材料加工成 B 材料，B 材料属于应税消费品，加工收回后直接对外销售。

（1）3 月 2 日，向乙企业发出 A 材料，实际成本为 73 000 元。

（2）3 月 9 日，用银行存款支付乙企业加工费 5 000 元，增值税 650 元，消费税 370 元。

（3）4 月 1 日，B 材料加工完成，验收入库。

编制相关经济业务的会计分录。

任务五 库存商品

【会计分录点睛】

1. 验收入库商品

借：库存商品

贷：生产成本

2. 发出商品

借：主营业务成本

贷：库存商品

【经典业务详解】

1. 陶然公司“商品入库汇总表”记载，某月已验收入库 Z 产品 3 000 台，实际单位成本 1 000 元，共计 3 000 000 元。

< 解析 >

借：库存商品——Z 产品　　3 000 000

贷：生产成本——基本生产车间（Z 产品）　　3 000 000

2. 陶然公司月末汇总的发出商品中，当月已实现销售的 Z 产品有 3 500 台，Z 产品实际单位成本 1 000 元。

< 解析 >

在结转其销售成本时，应编制如下会计分录：

借：主营业务成本　　3 500 000

贷：库存商品——Z 产品　　3 500 000

【经济业务集锦】

1. 甲公司“商品入库汇总表”记载，某月已验收入库 Y 产品 1 000 台，实际单位成本 6 000 元，共计 6 000 000 元。编制甲公司的会计分录。

2. 甲公司月末汇总的发出商品中，当月已实现销售的 Y 产品有 700 台。该月 Y 产品实际单位成本 5 000 元。编制甲公司的会计分录。

任务六　消耗性生物资产

【会计分录点睛】

1. 外购的消耗性生物资产，按照应计入消耗性生物资产成本的金额入账。

借：消耗性生物资产

贷：银行存款/应付账款等

2. 自行栽培、营造、繁殖。

借：消耗性生物资产

贷：银行存款等

3. 补植林木类消耗性生物资产发生的后续支出。

借：消耗性生物资产

贷：银行存款等

4. 林木类消耗性生物资产达到郁闭后发生的管护费用等后续支出。

借：管理费用

贷：银行存款等

5. 农业生产过程中发生的应归属于消耗性生物资产的费用，按照应分配的金额入账。

借：消耗性生物资产

贷：生产成本

6. 消耗性生物资产收获为农产品时，按照其账面余额入账。

借：农产品

贷：消耗性生物资产

7. 出售消耗性生物资产或农产品，按照实际收到的金额入账。

借：银行存款

贷：主营业务收入等

借：主营业务成本

贷：消耗性生物资产/农产品

【经典业务详解】

陶然公司为一家林业有限责任公司，其下属森林班统一组织培植管护一片森林。20×× 年 3 月，发生森林管护费用共计 40 000 元，其中，本月应付人员薪酬 20 000 元，仓库领用库存肥料 16 000 元，管护设备折旧 4 000 元。管护总面积为 5 000 公顷，其中，作为用材林的杨树林共计 4 000 公顷，已郁闭的占 80%，其余的尚未郁闭；作为水土保持林的马尾松共计 1 000 公顷，已全部郁闭。管护费用按照森林面积比例分配。

<解析>

未郁闭杨树林应分配共同费用的比例 =4 000×（1−80%）÷5 000=0.16

已郁闭杨树林应分配共同费用的比例 =4 000×80%÷5 000=0.64

已郁闭马尾松应分配共同费用的比例 =1 000÷5 000=0.2

未郁闭杨树林应分配的共同费用 =40 000×0.16=6 400（元）

已郁闭杨树林应分配的共同费用 =40 000×0.64=25 600（元）

已郁闭马尾松应分配的共同费用 =40 000×0.2=8 000（元）

应编制如下会计分录：

借：消耗性生物资产——用材林（杨树林）（未郁闭）　6 400
　　管理费用　33 600
　　贷：应付职工薪酬　20 000
　　　　原材料　16 000
　　　　累计折旧　4 000

【经济业务集锦】

甲公司为一家林业有限责任公司，其下属森林班统一组织培植管护一片作为用材林的杨树林。20×× 年 5 月，发生森林管护费用共计 50 000 元。其中，本月应付人员薪酬 30 000 元，仓库领用库存肥料 15 000 元，管护设备折旧 5 000 元。管护总面积为 5 000 公顷，已郁闭的占 70%，其余的尚未郁闭。管护费用按照面积比例分配。编制相关会计分录。

任务七 存货清查

【会计分录点睛】

1. 存货盘盈的账务处理

借：原材料等
　　贷：待处理财产损溢

借：待处理财产损溢
　　贷：管理费用

2. 存货盘亏及毁损的账务处理

借：待处理财产损溢
　　贷：原材料等
　　　　应交税费——应交增值税（进项税额转出）

借：原材料 / 银行存款等　（残料入库或变价收入）

其他应收款——××（保险公司或责任人赔偿）
管理费用（扣除应由他人承担的赔款后的一般经营损失或管理不善）
营业外支出（非常损失）
贷：待处理财产损溢

【经典业务详解】

1. 陶然公司在财产清查中盘盈J材料2 000千克，实际单位成本30元，经查属于材料收发计量的错误。

<解析>

（1）批准处理前

借：原材料 60 000
　贷：待处理财产损溢 60 000

（2）批准处理后

借：待处理财产损溢 60 000
　贷：管理费用 60 000

2. 陶然公司在财产清查中发现毁损L材料300千克，实际成本为20 000元，相关增值税专用发票上注明的增值税税额为2 600元。经查是由于材料保管员的过失造成的，按规定由其个人赔偿20 000元。

<解析>

（1）批准处理前

借：待处理财产损溢 22 600
　贷：原材料 20 000
　　应交税费——应交增值税（进项税额转出） 2 600

（2）批准处理后

借：其他应收款——×× 20 000（过失人赔款）
　管理费用 2 600（毁损净损失）
　贷：待处理财产损溢 22 600

【经济业务集锦】

1. 甲公司因台风造成一批库存材料毁损，实际成本80 000元，增值税专用发票上注明的增值税额为10 400元。根据保险责任范围及保险合同规定，应由保险公司赔偿40 000元。经批准后，进行相应财务处理。编制相关会计分录。

2. 甲公司在财产清查中盘盈 A 材料 2 000 千克，实际单位成本 30 元，经查属于材料收发计量的错误。编制相关会计分录。

3. 甲公司在财产清查中发现毁损 B 材料 8 000 千克，实际单位成本为 40 元，相关增值税专用发票上注明的增值税税额为 41 600 元。经查是由于材料保管员的过失造成的，按规定由其个人赔偿 150 000 元。编制相关会计分录。

任务八 存货减值

【会计分录点睛】

1. 计提

借：资产减值损失

　　贷：存货跌价准备

2. 转回

借：存货跌价准备

　　贷：资产减值损失

3. 结转

借：存货跌价准备

　　贷：主营业务成本

【经典业务详解】

1. 20×× 年 6 月 30 日，陶然公司 A 商品的账面余额为 20 万元。由于市场价格下跌，预计可变现净值为 18 万元。

<解析>

应计提的存货跌价准备 =200 000−180 000=20 000（元）

借：资产减值损失　　　　20 000

　　贷：存货跌价准备　　　　20 000

2. 承上例假设 20×× 年 9 月 30 日，A 商品的账面余额为 20 万元，由于市场价格有所上升，A 商品的预计可变现净值为 19.5 万元。

< 解析 >

借：存货跌价准备　　　　15 000

　　贷：资产减值损失　　　　15 000

3. 承上例，假设 20×× 年 12 月 31 日，A 商品的账面余额（成本）为 20 万元，由于市场价格持续上升，A 商品的预计可变现净值为 22 万元。

< 解析 >

借：存货跌价准备　　　　5 000

　　贷：资产减值损失　　　　5 000

转回的金额以将存货跌价准备余额冲减至零为限。

【经济业务集锦】

1. 20×× 年 12 月 2 日，甲公司向乙公司销售 A 产品，销售价格为 500 万元，增值税税率为 13%，实际成本为 340 万元。产品已发出，款项存入银行。销售前，该产品已计提跌价准备 5 万元。编制相关会计分录。

2. 20×× 年 3 月，甲公司生产 A 商品一批，成本为 70 000 元。3 月 31 日，A 商品由于市场价格下跌，预计可变现净值为 66 000 元；6 月 30 日，A 商品市场价格继续下跌，预计可变现净值为 63 000 元；9 月 30 日，A 商品市场价格有所上升，A 商品的预计可变现净值为 67 000 元；12 月 31 日，由于市场价格持续上升，A 商品的预计可变现净值为 75 000 元。编制相关会计分录。

项目四　交易性金融资产业务

任务一　取得交易性金融资产

【会计分录点睛】

借：交易性金融资产——成本	（公允价值）
应收股利	（已宣告但尚未发放的现金股利）
应收利息	（已到付息期但尚未领取的债券利息）
投资收益	（交易费用）
应交税费——应交增值税（进项税额）	（交易费用可抵扣的增值税）
贷：其他货币资金等	（支付的总价款）

【经典业务详解】

20×× 年 6 月 1 日，陶然公司从上海证券交易所购入 A 上市公司股票 1 000 000 股，该笔股票投资在购买日的公允价值为 20 000 000 元，另支付相关交易费用 25 000 元，取得的增值税专用发票上注明的增值税税额为 1 500 元。陶然公司将其划分为交易性金融资产进行管理和核算。

< 解析 >

1. 20×× 年 6 月 1 日购买 A 上市公司股票时

借：交易性金融资产——A上市公司股票——成本 20 000 000

　　贷：其他货币资金——存出投资款　　20 000 000

2. 20×× 年6月1日支付相关交易费用时

借：投资收益——A上市公司股票　　25 000

　　应交税费——应交增值税（进项税额）　　1 500

　　贷：其他货币资金——存出投资款　　26 500

【经济业务集锦】

1. 20×× 年5月1日，甲公司从上海证券交易所购入A上市公司股票100万股，支付价款1000万元（其中包含已宣告但尚未发放的现金股利60万元），另支付相关交易费用2.5万元，取得的增值税专用发票上注明的增值税税额为1 500元。甲公司将其划分为交易性金融资产进行管理和核算。编制相关会计分录。

2. 甲公司于20×× 年4月6日支付300万元购入100万股D公司股票，另支付交易费用3万元，取得的增值税专用发票上注明的增值税税额为1 800万元，甲公司将其划分为交易性金融资产。编制相关会计分录。

3. 甲公司20×× 年9月7日购入B公司股票100万股，每股买价5.2元（含0.2元现金股利），相关交易费用为5万元，取得的增值税专用发票上注明的增值税税额为3 000元，甲公司将其划分为交易性金融资产。编制相关会计分录。

任务二 持有交易性金融资产

【会计分录点睛】

1. 取得时包含的现金股利或应付利息实际发放时。

借：其他货币资金等

　　贷：应收股利/应收利息等

2. 被投资单位宣告发放现金股利或已到付息期但尚未领取的债券利息，及实际收到款项时。

（1）宣告或到期时

借：应收股利/应收利息

贷：投资收益

（2）实际收到款项时

借：其他货币资金等

贷：应收股利／应收利息

3．资产负债表日，交易性金融资产应当按照公允价值计量，公允价值与账面余额之间的差额计入当期损益。

（1）公允价值大于账面余额时

借：交易性金融资产——公允价值变动

贷：公允价值变动损益

（2）公允价值小于账面余额时

借：公允价值变动损益

贷：交易性金融资产——公允价值变动

【经典业务详解】

1．假定20××年3月20日，陶然上市公司宣告发放上年现金股利，该公司按其持有该上市公司股份计算确定的应分得的现金股利为60万元。不考虑相关税费。

<解析>

借：应收股利　　600 000

贷：投资收益　　600 000

2．20××年4月10日，陶然公司收到现金股利60万元。

<解析>

借：其他货币资金　　600 000

贷：应收股利　　600 000

3．假定20××年6月30日，陶然公司持有A上市公司股票的公允价值为7 000 000元；20××年12月31日，陶然公司持有A上市公司股票的公允价值为12 400 000元（原计入成本9 400 000元）。

<解析>

（1）6月30日确认公允价值变动损益时

借：公允价值变动损益　　2 400 000

贷：交易性金融资产——公允价值变动　　2 400 000

（2）12月31日确认公允价值变动损益时

借：交易性金融资产——公允价值变动　　5 400 000

贷：公允价值变动损益 5 400 000

【经济业务集锦】

1. 假定20××年6月30日，乙公司购买的B公司债券的公允价值为26 700 000元；20××年12月31日，乙公司购买的B公司债券的公允价值为25 800 000元。原计入成本的金额25 500 000元。不考虑相关税费和其他因素。

（1）20××年6月30日，确认B公司债券的公允价值变动损益时，编制相关会计分录。

（2）20××年12月31日，确认B公司债券的公允价值变动损益时，编制相关会计分录。

2. 甲公司于20××年4月6日支付300万元购入100万股D公司股票，另支付交易费用3万元，取得的增值税专用发票上注明的增值税税额为1 800元，甲公司将其划分为交易性金融资产。9月18日，D公司宣告按照每股0.2元发放现金股利。10月10日，甲公司收到上述现金股利。编制相关会计分录。

3. 甲公司20××年9月7日购入B公司股票100万股，每股买价5.2元（含0.2元现金股利），相关交易费用为5万元，取得的增值税专用发票上注明的增值税税额为3 000元，甲公司将其划分为交易性金融资产。12月31日，该股票每股市价为6元。编制相关会计分录。

任务三 出售交易性金融资产

【会计分录点睛】

借：其他货币资金 （扣除交易费用后的净额）

　　贷：交易性金融资产——成本

　　　　交易性金融资产——公允价值变动

　　　　投资收益 （差额）

【经典业务详解】

20××年5月30日，陶然公司出售了所持有的全部A上市公司股票，价款为1 200万元（原成本为940万元，公允价值变动上升300万元）。

<解析>

借：其他货币资金——存出投资款　　20 000 000
　　投资收益　　7 600 000
　　贷：交易性金融资产——成本　　9 400 000
　　　　交易性金融资产——公允价值变动　　3 000 000

【经济业务集锦】

1. 假定20××年3月15日，乙公司出售了所持有的全部B公司债券，售价为3 550万元。不考虑相关税费和其他因素（原成本为2 550万元，公允价值变动上升30万元）。编制相关会计分录。

2. 甲公司于20××年4月6日支付300万元购入100万股D公司股票，另支付交易费用3万元，取得的增值税专用发票上注明的增值税税额为1 800元，甲公司将其划分为交易性金融资产。9月18日，D公司宣告按照每股0.2元发放现金股利。10月10日，甲公司收到上述现金股利。11月3日，甲公司将股票全部出售，售价380万元。不考虑其他因素。编制相关会计分录。

任务四　转让金融商品应交增值税

【会计分录点睛】

1. 转让金融商品应交增值税——差额计税。

应交增值税 =（卖出价 − 买入价）÷（1+ 增值税税率）× 增值税税率

2. 转让金融资产当月月末如产生转让收益，则按应纳税额入账。

借：投资收益等
　　贷：应交税费——转让金融商品应交增值税

3. 如产生转让损失，则按可结转下月抵扣税额入账。

借：应交税费——转让金融商品应交增值税
　　贷：投资收益等

4. 年末，如果“应交税费——转让金融商品应交增值税”科目有借方余额，说明本年度的金融商品转让损失无法弥补，且本年度的金融资产转让损失不可转入下年度继续抵减转让金融资产的收益。

借：投资收益等

　　贷：应交税费——转让金融商品应交增值税

【经典业务详解】

20×× 年 5 月 1 日股票买入价 2 600 万元，5 月 15 日出售该股票，售价 2 640 万元。

<解析>

5 月份转让金融商品应交增值税 =（26 400 000 − 26 000 000）÷（1+6%）×6% ≈ 22 641.5（元）

借：投资收益　　22 641.5

　　贷：应交税费——转让金融商品应交增值税　　22 641.5

【经济业务集锦】

20×× 年 5 月 1 日股票买入价 2 640 万元，5 月 15 日出售该股票，售价 2 600 万元；截至 20×× 年年末，企业没有转让金融商品业务。编制相关会计分录。

项目五 固定资产业务

任务一 取得固定资产

【会计分录点睛】

1. 外购的固定资产

（1）不需安装的

借：固定资产

　　应交税费——应交增值税（进项税额）

　　贷：银行存款 / 应付账款

（2）需要安装的

购买时

借：在建工程

　　应交税费——应交增值税（进项税额）

　　贷：银行存款 / 应付账款

支付安装费

借：在建工程

　　应交税费——应交增值税（进项税额）

　　贷：银行存款

安装时领用原材料

借：在建工程

　　贷：原材料——××材料

安装耗用的人工

借：在建工程

　　贷：应付职工薪酬——工资

安装完毕，达到预定可使用状态

借：固定资产

　　贷：在建工程

2. 建造固定资产

（1）购入工程物资

借：工程物资

　　应交税费——应交增值税（进项税额）

　　贷：银行存款

（2）领用工程物资

借：在建工程

　　贷：工程物资

（3）领用原材料

借：在建工程

　　贷：原材料

（4）分配工程人员工资

借：在建工程

　　贷：应付职工薪酬

（5）建造完成

借：固定资产

　　贷：在建工程

【经典业务详解】

1. 绿绮公司为增值税一般纳税人，20×× 年 1 月 3 日，购买小汽车一辆，价款为 70 000 元，增值税税率为 13%，增值税税额经认证准予抵扣，款项以银行存款支付。

< 解析 >

借：固定资产——交通工具——小汽车　　　　70 000

　　应交税费——应交增值税（进项税额）　　9 100

贷：银行存款　　　　79 100

2. 陶然公司为增值税一般纳税人，20×× 年 1 月发生以下经济业务：

（1）购买需要安装的生产设备 A 一台，价款为 80 000 元，增值税税率为 13%，增值税税额经认证准予抵扣，款项以银行存款支付。

（2）为安装 A 设备领用原材料 10 千克，单价为 150 元 / 千克。

（3）以银行存款支付安装费并取得增值税专用发票，注明安装费 2 000 元，增值税税率 9%。

（4）安装完毕交付生产车间使用。

< 解析 >

（1）借：在建工程——生产设备 A　　80 000
　　　　应交税费——应交增值税（进项税额）　10 400
　　　　贷：银行存款　　90 400

（2）借：在建工程——生产设备 A　　1 500
　　　　贷：原材料　　1 500

（3）借：在建工程——生产设备 A　　2 000
　　　　应交税费——应交增值税（进项税额）　180
　　　　贷：银行存款　　2 180

（4）借：固定资产——生产设备 A　　83 500
　　　　贷：在建工程——生产设备 A　　83 500

3. 星飞公司为增值税一般纳税人，自行建造仓库一座，发生如下业务：

（1）购入为工程准备的各种物资，价款 200 000 元，支付增值税税额 26 000 元，取得增值税专用发票。

（2）实际领用工程物资（不含增值税）180 000 元，剩余物资转作企业生产用原材料。

（3）领用生产用原材料一批，实际成本为 30 000 元。

（4）分配工程人员工资 25 000 元。

（5）工程完工交付使用。

< 解析 >

（1）借：工程物资　　200 000
　　　　应交税费——应交增值税（进项税额）26 000
　　　　贷：银行存款　　226 000

（2）借：在建工程——仓库　　180 000
　　　　原材料　　20 000
　　　　贷：工程物资　　200 000

（3）借：在建工程——仓库　　　　　　　　30 000
　　　贷：原材料　　　　　　　　　　　　　30 000
（4）借：在建工程——仓库　　　　　　　　25 000
　　　贷：应付职工薪酬——工资　　　　　　　25 000
（5）借：固定资产——仓库　　　　　　　235 000
　　　贷：在建工程——仓库　　　　　　　　235 000

【经济业务集锦】

1. 甲公司为增值税小规模纳税人，20×× 年 1 月 5 日购入一台不需要安装的设备，取得的增值税专用发票上注明的价款为 30 000 元，增值税税额为 3 900 元；支付运费 200 元，增值税税额 18 元。全部款项以银行存款支付。编制相关会计分录。

2. 某企业为增值税一般纳税人，20×× 年 1 月 28 日购入一台不需要安装的机器设备，取得的增值税专用发票上注明的价款为 500 000 元，增值税税额为 65 000 元。另支付包装费并取得增值税专用发票，注明包装费 3 000 元，税率 6%。全部款项以银行存款支付。编制相关会计分录。

3. 某公司为增值税一般纳税人，20×× 年 5 月 10 日购入生产用设备一台，取得的增值税专用发票上注明价款为 100 000 元，增值税为 13 000 元；发生运费，取得增值税专用发票，注明运费 3 000 元，增值税 270 元；发生保险费，取得增值税专用发票，注明保险费 1 000 元，增值税 60 元。全部款项以银行存款支付，设备运达后即投入使用。编制相关会计分录。

4. 甲公司为增值税一般纳税人，20×× 年 3 月 3 日购入一台需要安装的生产设备，取得增值税专用发票上注明价款 400 000 元，增值税税额为 52 000 元；5 日，支付安装费并取得增值税专用发票，注明价款 40 000 元，增值税税额 3 600 元，全部款项用银行存款支付，安装完毕后投入使用。编制相关会计分录。

5. 甲公司为增值税小规模纳税人，20×× 年 5 月 10 日用银行存款购入一台需要安装的设备，增值税专用发票上注明的价款为 100 000 元，增值税税额为 13 000 元；5 月 12 日，以转账支票支付安装费 30 000 元，增值税税额为 2 700 元，安装完毕后设备投入使用。编制相关会计分录。

6. 甲公司为增值税一般纳税人，20×× 年 3 月 14 日，接受 B 公司投入的一台设备，投资合同确认的价值为 100 000 元，相关的增值税税额为 13 000 元，经认证准予抵扣，确认的投资股本为 75 000 元。编制相关会计分录。

7. 甲公司为增值税一般纳税人，20×× 年 7 月 1 日，甲公司向乙公司（增值税一般纳税人）一次性购进了三台不同型号且具有不同生产能力的设备 A、B、C，取得的增值税专用发票上注明的价款为 1 000 000 元，增值税税额为 130 000 元，全部款项以银行存款转账支付。设备 A、B、C 的公允价值分别为 300 000 元、600 000 元和 300 000 元。编制相关会计分录。

8. 甲企业为增值税一般纳税人，20×× 年年初自行建造生产车间一幢，购入工程物资一批，取得的增值税专用发票注明价款 700 000 元，增值税税额 91 000 元，款项以银行存款付清，工程物资全部投入建造生产车间工程使用。用银行存款支付某建筑公司施工费用 300 000 元，增值税税额 27 000 元。分配本企业工程人员工资 50 000 元。年末工程完工交付使用。编制相关会计分录。

9. 甲公司为增值税一般纳税人，20×× 年 6 月 1 日，自行建造厂房一幢。购入为建造工程的各种物资，价款 50 000 元，取得增值税专用发票上注明的增值税额为 6 500 元，全部用于工程建设。领用本企业生产的水泥一批，实际成本为 400 000 元，应计工程人员薪酬 10 000 元。用转账支票支付安装费，取得的增值税专用发票上注明的安装费 30 000 元，税率 9%，增值税税额 2 700 元。工程完工并达到预定可使用状态。编制相关会计分录。

10. 甲公司为增值税一般纳税人，20×× 年 7 月 1 日，将一幢厂房的建造工程发包给丙公司（增值税一般纳税人）承建，按合理估计的发包工程进度和合同规定，向丙公司结算进度款并取得丙公司开具的增值税专用发票，发票注明工程款 500 000 元，税率 9%，增值税税额 45 000 元。次年 4 月 1 日，工程完工后，收到丙公司有关工程结算单据，补付工程款并取得丙公司开具的增值税专用发票，发票注明工程款 300 000 元，税率 9%，增值税税额 27 000 元。工程完工并达到预定可使用状态。编制相关会计分录。

11. 甲公司为增值税一般纳税人，自建仓库一幢，购入一批工程物资，取得的增值税专用发票上注明价款 2 000 000 元，增值税税额为 260 000 元，已全部用于建造仓库；耗用库存原材料 500 000 元，该批材料购入时的增值税税额为 65 000 元；支付建筑工人工资 300 000 元。该仓库建造完成并达到预定可使用状态。编制相关会计分录。

12. 甲公司为增值税一般纳税人，接受乙公司捐赠的一台设备，增值税专用发票上注明价值为 250 000 元，税额为 32 500 元，经认证准予抵扣。编制相关会计分录。

任务二 固定资产折旧

【会计分录点睛】

固定资产计提折旧时

借：制造费用　　　　　　　　　　　　　　（生产车间使用）

管理费用　　　　　　　　　　（管理部门使用）
销售费用　　　　　　　　　　（销售部门使用）
在建工程　　　　　　　　　　（工程使用）
其他业务支出等　　　　　　　（对外出租）
贷：累计折旧

【经典业务详解】

1. 廖行公司购入设备一台供管理部门使用，原价为 200 000 元，该设备预计使用 8 年，预计净残值率为 4%，按年限平均法计提折旧。

＜解析＞

月折旧率 =（1−4%）÷ 8 ÷ 12=1%

月折旧额 = 200 000 × 1%=2 000（元）

借：管理费用　　　　　　　　2 000
　　贷：累计折旧　　　　　　　　2 000

2. 葳蕤公司的一台生产用机器设备原价为 680 000 元，预计生产产品产量为 2 000 000 件，预计净残值率为 3%，本月生产产品 30 000 件。假设甲公司没有为该机器设备计提减值准备，采用工作量法计提折旧。

＜解析＞

单位产品折旧额 = 680 000 ×（1−3%）÷ 2 000 000=0.3298（元 / 件）

本月折旧额 = 30 000 × 0.3298 =9 894（元）

借：制造费用　　　　　　　　9 894
　　贷：累计折旧　　　　　　　　9 894

3. 怡然公司一项生产用固定资产的原价为 1 000 000 元，预计使用年限为 5 年，预计净残值为 4 000 元。按双倍余额递减法计提折旧。

＜解析＞

年折旧率 =2 ÷ 5 × 100%=40%

第 1 年：年折旧额 =1 000 000 × 40%=400 000（元）

月折旧额 =400 000 ÷ 12 ≈ 33 333.33（元）

借：制造费用　　　　　　　　33 333.33
　　贷：累计折旧　　　　　　　　33 333.33

第 2 年：年折旧额 =（1 000 000−400 000）× 40%=240 000（元）

月折旧额 =240 000 ÷ 12=20 000（元）

借：制造费用　　　　　　　　20 000
　　贷：累计折旧　　　　　　　　20 000

第 3 年：年折旧额 =（1 000 000−400 000−240 000）×40%=144 000（元）

月折旧额 =144 000÷12=12 000（元）

借：制造费用　　12 000

　贷：累计折旧　　12 000

第 4、5 年：年折旧额 =[（1 000 000−400 000−240 000−144 000）−4 000]÷2=106 000（元）

月折旧额 =106 000÷12 ≈ 8 833.33（元）

借：制造费用　　8 833.33

　贷：累计折旧　　8 833.33

4. 夜雨公司一项销售部门使用固定资产的原价为 1 000 000 元，预计使用年限为 5 年，预计净残值为 4 000 元。按年数总和法计提折旧。

< 解析 >

年数总和 =5+4+3+2+1=15（年）

应计折旧额 =1 000 000−4 000=996 000（元）

第 1 年：年折旧额 = 5÷15×996 000=332 000（元）

月折旧额 = 332 000÷12 ≈ 27 666.67（元）

借：销售费用　　27 666.67

　贷：累计折旧　　27 666.67

第 2 年：年折旧额 =4÷15×996 000=265 600（元）

月折旧额 =265 600÷12 ≈ 22 133.33（元）

借：销售费用　　22 133.33

　贷：累计折旧　　22 133.33

第 3 年：年折旧额 =3÷15×996 000=199 200（元）

月折旧额 =199 200÷12=16 600（元）

借：销售费用　　16 600

　贷：累计折旧　　16 600

第 4 年：年折旧额 =2÷15×996 000=132 800（元）

月折旧额 =132 800÷12 ≈ 11 066.67（元）

借：销售费用　　11 066.67

　贷：累计折旧　　11 066.67

第 5 年：年折旧额 =1÷15×996 000=66 400（元）

月折旧额 =66 400÷12 ≈ 5 533.33（元）

借：销售费用　　5 533.33

　贷：累计折旧　　5 533.33

【经济业务集锦】

1. 甲公司有一幢办公楼，因暂时闲置对外出租，原价 5 000 000 元，预计可使用 20 年，预计净残值为 100 000 元，采用年限平均法计提折旧。计算相应折旧额并编制相关会计分录。

2. 甲企业销售部门有一辆运货卡车，原价为 60 000 元，预计总行驶里程为 500 000 千米，预计净残值率为 5%，本月行驶 5 000 千米。采用工作量法计提折旧。计算相应折旧额并编制相关会计分录。

3. 甲企业购进生产设备一台，该设备的入账价值为 100 万元，预计净残值为 1.6 万元，预计使用年限为 5 年。采用双倍余额递减法计提折旧。计算相应折旧额并编制相关会计分录。

4. 甲公司为增值税一般纳税人，20×× 年 7 月 5 日购入一台需要安装的机器设备，取得的增值税专用发票注明的价款为 540 万元，增值税税额 70.2 万元，以上款项以转账支票支付。安装过程中用银行存款支付安装费 40 万元，取得的增值税专用发票注明增值税税款 3.6 万元；领用本公司原材料，价值 20 万元，该设备 20×× 年 8 月 8 日达到预定可使用状态并交付车间使用。该固定资产预计使用 5 年，预计净残值率为 10%，同时对该固定资产采用年数总和法计提折旧。计算相应折旧额并编制相关会计分录。

5. 甲公司是增值税一般纳税人，20×× 年 2 月 1 日购入需要安装的生产设备一台，取得的增值税专用发票上注明的设备价款为 120 万元，增值税税额为 15.6 万元。安装时，领用材料价值 20 万元，该材料负担的增值税税额为 2.6 万元；发生安装工人工资 16 万元。该设备于当年 3 月 30 日达到预定可使用状态。甲公司对该设备采用年限平均法计提折旧，预计使用年限为 10 年，预计净残值为零。计算相应折旧额并编制相关会计分录。

6. 20×× 年 12 月 20 日，甲企业购入一台设备，其原价为 2 000 万元，交付行政管理部门使用，预计使用年限 5 年，预计净残值 3 万元，采用双倍余额递减法计提折旧。计算相应折旧额并编制相关会计分录。

7. 20×× 年 12 月 31 日，甲公司购入一台设备供销售部门使用，其成本为 25 万元，预计使用年限 4 年，预计净残值 1 万元，采用年限平均法计提折旧。计算相应折旧额并编制相关会计分录。

8. 20×× 年 3 月，甲企业各生产车间应分配的固定资产折旧额为一车间 70 000 元，二车间 45 000 元，三车间 27 000 元，四车间 30 000 元。编制相关会计分录。

9. 甲公司为增值税一般纳税人，20×× 年 4 月，管理部门、销售部门应分配的固定资产折旧额为：管理部门房屋建筑物计提折旧 240 000 元，运输工具计提折旧 14 000 元，电子设备 6 000 元；销售部门房屋建筑物计提折旧 120 000 元，运输工具计提折旧 10 000 元。编制相关会计分录。

任务三 固定资产后续支出

【会计分录点睛】

1. 资本化的后续支出情形

（1）固定资产转入改扩建时

借：在建工程

　　累计折旧

　　固定资产减值准备

　　贷：固定资产

（2）发生改扩建工程支出时

借：在建工程

　　应交税费——应交增值税（进项税额）

　　贷：银行存款等

（3）终止确认被替换部件时

借：营业外支出

　　贷：在建工程　　（被替换部分的账面价值）

企业在处置被替换部分过程中，可能会获得变价收入和残料价值等，将其冲减营业外支出，不影响固定资产入账价值。

借：银行存款　　（变价收入）

　　原材料　　（残料价值）

　　贷：营业外支出

改扩建工程达到预定可使用状态时

借：固定资产

　　贷：在建工程

2. 费用化的后续支出

借：管理费用　　（行政管理部门固定资产修理费用）

　　销售费用　　（专设销售机构的固定资产修理费用）

　　应交税费——应交增值税（进项税额）

　　贷：原材料 / 应付职工薪酬 / 银行存款等

【经典业务详解】

1. 飞越航空公司为增值税一般纳税人，20×× 年 6 月末，飞越航空公司开辟新航线，为延长飞机的空中飞行时间，公司决定对原有的一架飞机更换一台性能更为先进的发动机。该飞机原价 80 000 000 元（含发动机），已使用了 8.5 年，其中发动机价款为 5 000 000 元，飞越公司未将发动机单独作为一项固定资产进行核算。公司以银行存款购入新发动机一台，增值税专用发票上注明的价款为 7 000 000 元，增值税税额为 910 000 元；另支付安装费用并取得增值税专用发票，注明安装费 100 000 元，税率 9%，增值税税额 9 000 元。飞机的年折旧率为 3%，不考虑预计净残值，替换下的老发动机报废且无残值收入。

<解析>

（1）20×× 年 6 月末，飞机的累计折旧金额＝80 000 000×3%×8.5=20 400 000（元）

将固定资产转入在建工程

借：在建工程　　59 600 000

　　累计折旧　　20 400 000

　　贷：固定资产　　80 000 000

（2）购入并安装新发动机

借：工程物资　　7 000 000

　　应交税费——应交增值税（进项税额）　910 000

　　贷：银行存款　　7 910 000

借：在建工程　　7 000 000

　　贷：工程物资　　7 000 000

（3）支付安装费用

借：在建工程　　100 000

　　应交税费——应交增值税（进项税额）　9 000

　　贷：银行存款　　109 000

（4）旧发动机的账面价值 =5 000 000−5 000 000×3%×8.5=3 725 000（元）

终止确认旧发动机

借：营业外支出　　3 725 000

　　贷：在建工程　　3 725 000

（5）新发动机安装完毕，飞机达到预定可使用状态，固定资产的入账价值 = 59 600 000+7 000 000+100 000−3 725 000=62 975 000（元）

借：固定资产　　62 975 000

　　贷：在建工程　　62 975 000

2. 露晞公司为增值税一般纳税人，发生行政管理部门设备日常维修费 50 000 元，专设销售机构管理用办公设备维修费 30 000 元，增值税专用发票上注明的增值税税额为 10 400 元。

< 解析 >

借：管理费用　　　　　　　　　　　　　　　50 000

　　销售费用　　　　　　　　　　　　　　　30 000

　　应交税费——应交增值税（进项税额）　　　10 400

　　贷：银行存款　　　　　　　　　　　　　　　　　90 400

【经济业务集锦】

1．甲公司于 20×× 年 9 月 15 日对一生产线进行改扩建，改扩建前该生产线的价值为 1 400 万元，已计提折旧 400 万元，已计提减值准备 50 万元。改扩建过程中实际领用工程物资 300 万元（不含增值税）；领用企业生产用的原材料一批，实际成本为 40 万元；分配工程人员工资 65 万元。改扩建完成后生产线投入使用。编制相关会计分录。

2．甲公司对一幢办公楼进行更新改造，该办公楼原值为 1 000 万元，已计提折旧 500 万元。更新改造过程中发生支出 600 万元，以银行存款支付，被替换部分账面原值为 100 万，更新改造完成后投入使用。编制相关会计分录。

3．甲公司为增值税一般纳税人，20×× 年 8 月 1 日，自行对管理部门使用的设备进行日常修理，发生修理费并取得增值税专用发票，注明修理费 5 000 元，税率 13%，增值税税额 650 元。编制相关会计分录。

4．企业的某项固定资产账面原价为 2 000 万元，采用年限平均法计提折旧，预计使用寿命为 10 年，预计净残值为零。在第 4 个折旧年度末企业对该项固定资产的某一主要部件进行更换，发生支出合计 1 000 万元，以银行存款支付，被更换部件的账面原价为 800 万元，更换完成后固定资产投入使用。编制相关会计分录。

5．20×× 年 3 月 31 日，甲公司采用发包方式对某固定资产进行改良，该固定资产账面原价为 1 800 万元，预计使用年限为 5 年，已使用 3 年，预计净残值为零。采用年限平均法计提折旧。改良过程中，甲公司以银行存款支付工程款 48 万元（不考虑增值税）。改良后的固定资产达到预定可使用状态并投入使用。编制相关会计分录。

6．甲公司对某项固定资产进行改造，该固定资产原价为 1 600 万元，已计提折旧 500 万元，计提固定资产减值准备 100 万元，改造过程中发生支出 800 万元，均以银行存款支付，拆除部分的原价为 400 万元。改造完成后投入使用。编制相关会计分录。

任务四 处置固定资产

【会计分录点睛】

1．固定资产转入清理

借：固定资产清理

　　累计折旧

　　固定资产减值准备

　　贷：固定资产

2．发生的清理费用

借：固定资产清理

　　应交税费——应交增值税（进项税额）

　　贷：银行存款等

3．收回出售固定资产的价款 / 变价收入

借：银行存款

　　贷：固定资产清理

　　　　应交税费——应交增值税（销项税额）

4．残料入库

借：原材料

　　贷：固定资产清理

5．保险 / 赔偿

借：其他应收款——× ×

　　贷：固定资产清理

6．清理净损益的处理

（1）净损失

因已丧失使用功能报废清理产生的处理净损失

借：营业外支出——非流动资产处置损失

　　贷：固定资产清理

因自然灾害报废清理产生的处理净损失

借：营业外支出——非常损失

　　贷：固定资产清理

因出售、转让等原因产生的固定资产处置损失

借：资产处置损益

贷：固定资产清理

（2）净收益

生产经营期间报废清理产生的处理净收益

借：固定资产清理

贷：营业外收入——非流动资产处置利得

因出售、转让等原因产生的固定资产处置利得

借：固定资产清理

贷：资产处置损益

【经典业务详解】

1．幽居公司为增值税一般纳税人，现有一台设备由于性能等原因决定提前报废，原价为 500 000 元，已计提折旧 450 000 元，计提减值准备 20 000 元。取得报废残值变价收入 20 000 元，增值税税额为 2 600 元。报废清理过程中发生自行清理费用 3 500 元，有关收入、支出均通过银行办理结算。

< 解析 >

（1）将报废固定资产转入清理时

借：固定资产清理　　30 000

累计折旧　　450 000

固定资产减值准备　　20 000

贷：固定资产　　500 000

（2）收回残料变价收入时

借：银行存款　　22 600

贷：固定资产清理　　20 000

应交税费——应交增值税（销项税额）　　2 600

（3）支付清理费用时

借：固定资产清理　　3 500

贷：银行存款　　3 500

（4）结转报废固定资产发生的净损失时

借：营业外支出——非流动资产处置损失　　13 500

贷：固定资产清理　　13 500

2．盈掬公司为增值税一般纳税人，因遭受台风袭击毁损一座仓库，该仓库原价 4 000 000 元，已计提折旧 2 000 000 元，未计提减值准备。其残料估计价值 50 000 元，残

料已办理入库。发生清理费用并取得增值税专用发票，注明的装卸费为 20 000 元，增值税税额为 1 200 元，全部款项以银行存款支付。收到保险公司理赔款 1 500 000 元存入银行。不考虑其他相关税费。

< 解析 >

（1）将毁损的仓库转入清理时

	借方	贷方
借：固定资产清理	2 000 000	
累计折旧	2 000 000	
贷：固定资产		4 000 000

（2）残料入库时

	借方	贷方
借：原材料	50 000	
贷：固定资产清理		50 000

（3）支付清理费用时

	借方	贷方
借：固定资产清理	20 000	
应交税费——应交增值税（进项税额）	1 200	
贷：银行存款		21 200

（4）确认并收到保险公司理赔款项时

	借方	贷方
借：其他应收款——保险公司	1 500 000	
贷：固定资产清理		1 500 000
借：银行存款	1 500 000	
贷：其他应收款——保险公司		1 500 000

（5）结转毁损固定资产损失时：

	借方	贷方
借：营业外支出——非常损失	470 000	
贷：固定资产清理		470 000

【经济业务集锦】

1. 甲公司出售一台机器设备，该设备账面原价为 400 000 元，已计提折旧 80 000 元，出售时用银行存款支付清理费用 10 000 元，收到设备变价收入 300 000 元，增值税税额为 39 000 元，款项存入银行，结转出售设备的净损益。编制相关会计分录。

2. 甲公司为增值税一般纳税人，20×× 年 12 月 30 日，出售一座建筑物，原价为 2 000 000 元，已计提折旧 1 500 000 元，未计提减值准备。收到出售价款 1 200 000 元，增值税税率为 9%，增值税税额为 108 000 元，款项已存入银行。不考虑其他相关因素。编制相关会计分录。

3. 某企业出售一台旧设备，原价为 23 万元，已计提折旧 5 万元。出售该设备开具的增值税专用发票上注明的价款为 20 万元，增值税税额为 2.6 万元，款项已收到存入银行，发生的清理费用为 1.5 万元，开具转账支票支付，不考虑其他因素。编制相关会计分录。

4. 某企业处置一项固定资产，开具的增值税专用发票上注明的价款为 80 万元，增值税税额为 10.4 万元，款项已收到存入银行。该资产原价为 100 万元，已计提折旧 60 万元，计提减值准备 5 万元，处置发生清理费用 5 万元，以银行存款支付。不考虑其他因素。编制相关会计分录。

5. 甲公司系增值税一般纳税人，销售设备适用的增值税税率为 13%，20×× 年 8 月 31 日以 100 万元的价格（不含增值税）出售一台旧机床，增值税销项税额为 13 万元，款项已收到存入银行。该机床原价为 200 万元（不含增值税），已计提折旧 120 万元，已计提减值准备 20 万元。不考虑其他因素。编制相关会计分录。

任务五 固定资产清查

【会计分录点睛】

1. 固定资产盘盈

（1）批准前

借：固定资产

　　贷：以前年度损益调整

借：以前年度损益调整

　　贷：应交税费——应交所得税

（2）批准后

借：以前年度损益调整

　　贷：盈余公积

　　　　利润分配——未分配利润

2. 固定资产盘亏

（1）批准前

借：待处理财产损溢

　　累计折旧

　　固定资产减值准备

贷：固定资产

应交税费——应交增值税（进项税额转出）（自然灾害除外）

（2）批准后

借：其他应收款——××（保险赔款或过失人赔偿）

营业外支出——盘亏损失

贷：待处理财产损溢

【经典业务详解】

1. 寒翠公司为增值税一般纳税人，20×× 年 1 月 5 日在财产清查过程中发现此前购入的一台设备尚未入账，重置成本为 40 000 元。假定寒翠公司按净利润的 10% 提取法定盈余公积，不考虑相关税费及其他因素的影响。

<解析>

（1）盘盈固定资产时

借：固定资产 40 000

贷：以前年度损益调整 40 000

（2）结转为留存收益时

借：以前年度损益调整 40 000

贷：盈余公积——法定盈余公积 4 000

利润分配——未分配利润 36 000

2. 修竹公司为增值税一般纳税人，20×× 年 12 月 31 日进行财产清查时，发现短缺一台笔记本电脑，原价为 10 000 元，已计提折旧 6 000 元，购入时增值税税额为 1 300 元。经批准后转销。

<解析>

（1）盘亏固定资产时

借：待处理财产损溢 4 000

累计折旧 6 000

贷：固定资产 10 000

（2）转出不可抵扣的进项税额时

借：待处理财产损溢 520

贷：应交税费——应交增值税（进项税额转出） 520

（3）报经批准转销时

借：营业外支出——盘亏损失 4 520

贷：待处理财产损溢　　　　　　　　　　4 520

【经济业务集锦】

1. 某公司年末固定资产清查时发现上年购入的一台设备未入账，其重置成本为10 000元，该公司按净利润的10%提取法定盈余公积。不考虑所得税及其他因素。编制相关会计分录。

2. 甲公司为增值税一般纳税人，20×× 年 12 月 31 日进行财产清查时，发现短缺一辆运货卡车，原价为 300 000 元，已计提折旧 100 000 元，购入时增值税税额为 39 000 元。经查，应由司机王某赔偿 100 000 元，其余经批准后转销。编制相关会计分录。

3. 甲公司为增值税一般纳税人，20×× 年 7 月 22 日，由于山洪暴发导致短缺一部小汽车，原价为 85 000 元，已计提折旧 40 000 元，购入时增值税税额为 11 050 元。经批准转销。编制相关会计分录。

4. 甲公司为增值税小规模纳税人，盘盈一台设备，同类固定资产的市场价格为 35 000 元，成新率为 80%。按甲公司净利润的 10% 提取法定盈余公积。不考虑所得税及其他因素。编制相关会计分录。

5. 某企业 20×× 年 7 月被盗固定资产一台，该固定资产原值 128 万元，已计提折旧 10 万元，经过调查，该损失是由于企业保管不善造成的，应由保险公司赔偿 25 万元。不考虑相关税费，报经批准后转销。编制相关会计分录。

任务六 固定资产减值

【会计分录点睛】

固定资产减值

借：资产减值损失

　　贷：固定资产减值准备

【经典业务详解】

20×× 年 12 月 31 日，桂棹公司的某生产线存在可能发生减值的迹象。经计算，机器的可收回金额合计为 1 200 000 元，账面价值为 1 400 000 元，以前年度生产线未计提过减值准备。

<解析>

借：资产减值损失——固定资产减值损失　　200 000

　　贷：固定资产减值准备　　200 000

【经济业务集锦】

1. 某企业20××年12月31日购入一台设备，入账价值为200万元，预计使用寿命为10年，预计净残值为10万元，采用年限平均法计提折旧。次年12月31日该设备存在减值迹象，经测试预计可收回金额为145万元。编制相关会计分录。

2. 20××年12月31日，甲公司的某生产线存在可能发生减值的迹象。经计算，该生产线的可收回金额为200万元，账面原价为400万元，已计提折旧137万元，以前年度未对该生产线计提减值准备。编制相关会计分录。

项目六　无形资产业务

任务一　取得无形资产

【会计分录点睛】

1. 外购的无形资产

借：无形资产

　　应交税费——应交增值税（进项税额）

　　贷：银行存款

2. 自行研发的无形资产

（1）研究阶段

借：研发支出——费用化支出

　　应交税费——应交增值税（进项税额）

　　贷：银行存款 / 应付职工薪酬 / 原材料等

（2）开发阶段

不满足资本化条件的支出

借：研发支出——费用化支出

　　应交税费——应交增值税（进项税额）

　　贷：银行存款 / 应付职工薪酬 / 原材料等

满足资本化条件的支出

借：研发支出——资本化支出
　　应交税费——应交增值税（进项税额）
　　贷：银行存款 / 应付职工薪酬 / 原材料等

（3）期末

借：管理费用
　　贷：研发支出——费用化支出

（4）研发完成并形成无形资产

借：无形资产
　　贷：研发支出——资本化支出

【经典业务详解】

1. 趣途公司购买甲企业新产品 A 的专利权，增值税专用发票注明价款为 100 000 元，增值税税额为 6 000 元，款项已通过银行存款付讫。

<解析>

借：无形资产——专利权	100 000	
应交税费——应交增值税（进项税额）	6 000	
贷：银行存款		106 000

2. 菱荇公司自行研究开发一项技术，截至 20×× 年 12 月 31 日，共发生职工薪酬 100 万元，专用设备折旧费用 68 万元，经测试该项研发活动完成了研究阶段。从次年 1 月 1 日开始进入开发阶段，开发阶段满足资本化条件支出 400 万元，取得的增值税专用发票上注明增值税税额为 52 万元，均以银行存款支付。开发阶段结束，该项技术达到预定用途形成无形资产。

<解析>

（1）研究阶段

借：研发支出——费用化支出	1 680 000	
贷：应付职工薪酬		1 000 000
累计折旧		680 000

（2）期末将费用化支出转入管理费用

借：管理费用	1 680 000	
贷：研发支出——费用化支出		1 680 000

（3）开发阶段

借：研发支出——资本化支出	4 000 000	
应交税费——应交增值税（进项税额）	520 000	
贷：银行存款		4 520 000

（4）研发完成并形成无形资产

借：无形资产——非专利技术　　　4 000 000

　　贷：研发支出——资本化支出　　　4 000 000

【经济业务集锦】

1. 甲公司为增值税一般纳税人，购入一项非专利技术，取得的增值税专用发票上注明的价款为 800 000 元，税率为 6%，增值税税额为 48 000 元，以银行存款支付。编制相关会计分录。

2. 甲公司为增值税一般纳税人，20×× 年 6 月 24 日，购入一项非专利技术 W，取得的增值税专用发票上注明的价款为 200 万元，增值税税额为 12 万元，为使该项非专利技术达到预定用途发生相关专业服务费用 8 万元，员工培训费 2 万元。所有款项均已通过银行存款支付。编制相关会计分录。

3. 甲公司自行研究开发一项技术，截至 20×× 年 12 月 31 日，发生研发支出合计 250 000 元，取得的增值税专用发票上注明的增值税税额为 32 500 元，均以银行存款付讫。经测试，该项研发活动完成了研究阶段，从次年 1 月 1 日进入开发阶段。开发阶段共发生开发支出 280 000 元，符合开发支出资本化的确认条件，取得的增值税专用发票上注明的增值税税额为 36 400 元，均以转账支票支付。该项研发活动结束，形成一项达到预定使用状态的非专利技术。编制相关会计分录。

4. 甲公司为增值税一般纳税人，自行研发非专利技术共发生支出 460 万元，其中研究阶段发生研发人员工资 85 万，固定资产折旧 75 万元；开发阶段发生支出 300 万元，取得的增值税专用发票注明税额 39 万元，其中符合资本化条件的支出 158 万元。款项均以银行存款支付，非专利技术研发成功。编制相关会计分录。

5. 甲有限责任公司为增值税一般纳税人，20×× 年 5 月 3 日，接受乙公司以某项商标权向本企业投资，投资合同约定价值为 24 000 元，相关的增值税为 1 440 元，经认证准予抵扣。该项商标权投入使用。编制相关会计分录。

6. 甲企业为增值税一般纳税人，20×× 年 6 月，自行研制专利权取得成功，并已申请取得专利权。本月发生开发费用共 140 000 元，符合资本化条件，其中领用库存原材料 77 000 元，应付研发人员工资 18 000 元，以银行存款支付其他费用 45 000 元，取得的增值税专用发票注明增值税税额 5 850 元。该项专利已投入使用。编制相关会计分录。

7. 甲企业为增值税一般纳税人，20×× 年 1 月 1 日，甲企业外购 A 无形资产，实际支付价款 860 000 元，增值税 51 600 元，经认证准予抵扣，开出转账支票支付全部款项。编制相关会计分录。

任务二 无形资产摊销及减值

【会计分录点睛】

1. 无形资产摊销

借：生产成本 / 制造费用 / 在建工程

管理费用

其他业务成本

贷：累计摊销

2. 无形资产减值

借：资产减值损失

贷：无形资产减值准备

【经典业务详解】

1. 怡悦公司将其自行开发完成的管理系统软件出租给乙公司，双方约定租赁期限为4年。该管理系统软件的总成本为600 000元。该企业以直线法按月计提摊销。不考虑其他因素。

<解析>

摊销金额 =600 000 ÷ 5 ÷ 12=10 000（元）

借：其他业务成本　　10 000

贷：累计摊销　　10 000

2. 开轩公司为增值税一般纳税人，20×× 年 1 月 4 日购入一项商标权，取得的增值税专用发票注明价款为 800 万元，增值税税额为 48 万元，以银行存款支付。该商标权使用年限为 5 年，采用年限平均法进行摊销，预计净残值为零。

<解析>

（1）20×× 年 1 月 4 日购入无形资产时

借：无形资产——商标权　　8 000 000

应交税费——应交增值税（进项税额）　　480 000

贷：银行存款　　8 480 000

（2）无形资产摊销时

摊销金额 =8 000 000 ÷ 5 ÷ 12 ≈ 133 333（元）

借：管理费用　　133 333

贷：累计摊销　　133 333

【经济业务集锦】

1. 甲公司为增值税一般纳税人，20×× 年 1 月 9 日，以 2 700 万元购入一项专利权，取得的增值税专用发票注明价款 162 万元，另支付注册登记费 135 万元。为推广由该专利权生产的产品，甲公司发生广告宣传费 76 万元，款项均以银行存款支付，该专利权预计使用 5 年，预计净残值为零，采用直线法摊销。不考虑其他因素，编制相关会计分录。

2. 甲公司购买的一项管理用特许权，成本为 9 600 000 元，合同规定受益年限为 10 年，甲公司采用年限平均法按月进行摊销。编制相关会计分录。

3. 20×× 年 2 月 21 日，甲公司将其自行开发完成的非专利技术出租给丁公司，该非专利技术成本为 480 000 元，双方约定的租赁期限为 10 年，甲公司采用年限平均法按月进行摊销。编制相关会计分录。

4. 20×× 年 12 月 31 日，甲公司拥有的某专利技术的账面价值为 870 000 元，剩余摊销年限为 4 年，经减值测试，该专利技术的可收回金额为 650 000 元。编制相关会计分录。

5. 甲企业为增值税一般纳税人，20×× 年 1 月 1 日，外购 A 无形资产，取得的增值税专用发票注明价款 600 000 元，增值税 36 000 元，经认证准予抵扣，开出转账支票支付全部款项。A 无形资产的使用寿命为 5 年。第二年 12 月 31 日，由于与 A 无形资产相关的经济因素发生了不利变化，A 无形资产价值减值，其可收回金额为 200 000 元。不考虑所得税费用及其他相关税费的影响，编制甲企业无形资产购入 / 摊销 / 减值等相关业务的会计分录。

任务三 出售和报废无形资产

【会计分录点睛】

1. 企业出售无形资产

借：银行存款

　　累计摊销

　　无形资产减值准备

　　贷：无形资产

　　　　应交税费——应交增值税（销项税额）

资产处置损益（若为处置收益）

借：银行存款

累计摊销

无形资产减值准备

资产处置损益（若为处置损失）

贷：无形资产

应交税费——应交增值税（销项税额）

2．无形资产报废

借：营业外支出

累计摊销

无形资产减值准备

贷：无形资产

【经典业务详解】

1．荷风公司为增值税一般纳税人，将其购买的一项专利权转让给乙公司，开具增值税专用发票，注明价款 600 000 元，税率 6%，增值税税额 36 000 元，全部款项已存入银行。该专利权的成本为 700 000 元，已摊销 220 000 元。编制荷风公司会计分录。

< 解析 >

借：银行存款	636 000	
累计摊销	220 000	
贷：无形资产		700 000
应交税费——应交增值税（销项税额）		36 000
资产处置损益		120 000

2．20×× 年 12 月初，贝叶公司经批准将内部研发成功的非专利技术 B 替代现有的专利技术 A，并将其予以转销。转销时专利技术 A 的成本为 30 000 元，累计摊销 17 000 元，计提减值准备 2 000 元，该专利技术的净残值为零。编制贝叶公司会计分录。

< 解析 >

借：营业外支出	11 000
累计摊销	17 000
无形资产减值准备	2 000
贷：无形资产——专利技术 A	30 000

【经济业务集锦】

1. 甲公司为增值税一般纳税人，20×× 年 10 月 12 日，将一项专利权转让给乙公司，开具的增值税专用发票上注明的价款为 50 万元，增值税税额为 3 万元。该专利权成本为 35 万元，已累计摊销 25 万元。编制甲公司会计分录。

2. 20×× 年 12 月 31 日，甲公司转让某项特许使用权，开具的增值税专用发票上注明的价款为 400 万元，增值税税额为 24 万元，款项已收到并存入银行。该特许使用权原值为 935 万元，已累计摊销 625 万元，已计提减值准备 60 万元。编制甲公司会计分录。

3. 甲公司为增值税一般纳税人，20×× 年 1 月 14 日，甲公司与乙公司签订商标销售合同，将一项酒类商标权出售，甲公司开出的增值税专用发票上注明的价款为 100 万元，增值税税额为 6 万元，款项已经存入银行。该商标权的账面余额为 120 万元，已累计摊销金额为 40 万元，计提减值准备 18 万元。编制甲公司会计分录。

4. 甲公司为增值税一般纳税人，20×× 年 1 月 1 日开始自行研究开发某管理用无形资产，其中，研究阶段发生职工工资 37 万元，计提专用设备折旧 22 万元；进入开发阶段后，符合资本化条件前发生职工工资 43 万元，计提专用设备折旧 30 万元；符合资本化条件后发生职工薪酬 90 万元，计提专用设备折旧 150 万元。12 月 1 日，该无形资产研发成功并达到预定用途，预计使用年限为 10 年，采用直线法摊销。不考虑残值等其他因素，编制甲公司会计分录。

5. 甲公司为增值税一般纳税人，20×× 年 1 月 1 日，甲公司从乙企业购入一项专利的所有权，以银行存款支付买价和有关费用合计 360 万元，支付增值税 7.2 万元，经认证准予抵扣。该专利的使用寿命为 10 年。第四年 1 月 1 日，甲公司将上述专利权出售给丙企业，甲公司开出的增值税专用发票上注明的价款为 200 万元，增值税 12 万元，款项全部存入银行。编制甲公司会计分录。

任务四 长期待摊费用

【会计分录点睛】

1. 长期待摊费用发生时

借：长期待摊费用

　　应交税费——应交增值税（进项税额）

贷：银行存款 / 原材料 / 应付职工薪酬

2. 长期待摊费用摊销时

借：管理费用 / 制造费用 / 销售费用

贷：长期待摊费用

【经典业务详解】

20×× 年 6 月 1 日，竹露公司对以租赁方式新租入的办公楼进行装修，领用生产用材料 600 000 元，发生有关人员工资等职工薪酬 600 000 元。11 月 30 日，该办公楼装修完工，达到预定可使用状态并交付使用，按租赁期 10 年进行摊销。假定不考虑其他因素，编制竹露公司会计分录。

< 解析 >

（1）装修办公楼领用原材料时

借：长期待摊费用　　600 000

贷：原材料　　600 000

（2）确认工程人员职工薪酬时

借：长期待摊费用　　600 000

贷：应付职工薪酬　　600 000

（3）按月摊销装修支出时

月摊销金额 =（600 000+600 000）÷10÷12=10 000（元）

借：管理费用　　10 000

贷：长期待摊费用　　10 000

【经济业务集锦】

1. 甲公司为增值税一般纳税人，20×× 年 2 月 1 日，对以租赁方式新租入的办公楼进行装修，以银行存款支付装修费用，取得的增值税专用发票注明价款 500 000 元，增值税税额 45 000 元，领用生产用材料 640 000 元，发生有关人员工资 300 000 元。6 月 30 日，该办公楼装修完工，达到预定可使用状态并交付使用，按租赁期 10 年进行摊销。不考虑其他因素，编制甲公司会计分录。

2. 甲公司为增值税一般纳税人，20×× 年 4 月 1 日，对以租赁方式新租入的供销售部门使用的楼房进行装修，以银行存款支付装修费用，取得的增值税专用发票注明价款 300 000 元，增值税税额 27 000 元，领用生产用材料 35 000 元，发生有关人员工资等职工薪酬 25 000 元。8 月 30 日，该办公楼装修完工，达到预定可使用状态并交付使用，按租赁期 6 年进行摊销。不考虑其他因素，编制甲公司会计分录。

项目七 生产性生物资产业务

任务一 生产性生物资产的初始核算

【会计分录点睛】

1. 生产性生物资产的增加

（1）外购的生物资产

借：生产性生物资产

　　应交税费——应交增值税（进项税额）

　　贷：银行存款 / 其他应付款和应付票据等

（2）自行营造的林木类 / 自行繁殖的产畜 / 役畜

借：生产性生物资产——未成熟生产性生物资产

　　贷：原材料 / 银行存款 / 应付利息

借：生产性生物资产——成熟生产性生物资产

　　贷：生产性生物资产——未成熟生产性生物资产

（3）育肥畜转为产畜或役畜

借：生产性生物资产

　　贷：消耗性生物资产

【经典业务详解】

1. 演漾公司自20××年初开始自行营造100公顷橡胶树，当年发生种苗费140 000元，平整土地和定植所需机器设备折旧费45 000元。自营造开始正常生产周期为5年，假定各年均匀发生抚育肥料及农药费40 000元，人工费60 000元，每年应分摊管护费用400 000元。不考虑相关税费等其他因素，编制演漾公司会计分录。

<解析>

（1）发生种苗费/平整土地等费用

借：生产性生物资产——未成熟生产性生物资产 185 000

贷：原材料——种苗 140 000

累计折旧 45 000

（2）每年发生抚育肥料及农药费/人工费/应分摊管护费用

借：生产性生物资产——未成熟生产性生物资产 500 000

贷：原材料——肥料及农药 40 000

应付职工薪酬 60 000

银行存款 400 000

（3）5年后演漾公司自行营造生产性生物资产达到预定生产经营目的

生产性生物资产成本总额 =185 000+500 000×5 = 2 685 000（元）

借：生产性生物资产——成熟生产性生物资产 2 685 000

贷：生产性生物资产——未成熟生产性生物资产 2 685 000

2. 景行公司为增值税一般纳税人，20××年4月，购入一片稳产成熟期的苹果树林，取得的增值税专用发票上注明价款450 000元，增值税税额58 500元，以转账支票支付所有款项。

<解析>

借：生产性生物资产 450 000

应交税费——应交增值税（进项税额） 58 500

贷：银行存款 508 500

【经济业务集锦】

1. 甲公司自20××年年初开始自行营造100公顷银杏树，发生种苗费40 000元，人工费60 000元，平整土地和定植所需机器设备折旧费50 000元。自营造开始正常生产周期为10年，假定各年均匀发生抚育肥料及农药费20 000元，人工费30 000元，每年应分摊管护费用50 000元。不考虑其他因素，编制甲公司会计分录。

2. 甲公司为增值税一般纳税人，20××年4月，购入一片稳产成熟期的樱桃林，取得的增值税专用发票上注明价款580 000元，增值税税额75 400元，款项以银行存款支付。编制甲公司会计分录。

任务二 生产性生物资产的后续核算

【会计分录点睛】

1. 生产性生物资产发生的后续支出

（1）择伐、间伐或抚育更新性质采伐而补植林木类生产性生物资产发生的后续支出

借：生产性生物资产——未成熟生物资产

　　贷：银行存款等

（2）林木类生产性生物资产达到预定生产经营目的后发生的管护费用等后续支出

借：管理费用

　　贷：银行存款等

2. 生产性生物资产计提折旧

借：农业生产成本 / 管理费用

　　贷：生产性生物资产累计折旧

3. 生产性生物资产的减值

借：资产减值损失

　　贷：生产性生物资产减值准备

4. 出售生产性生物资产

借：银行存款

　　生产性生物资产累计折旧

　　生产性生物资产减值准备

　　营业外支出——处置非流动资产损失

　　贷：生产性生物资产

　　　　营业外收入——处置非流动资产利得

5. 产畜或役畜转为育肥畜

借：消耗性生物资产

　　生产性生物资产累计折旧（如果有）

　　生产性生物资产减值准备（如果有）

　　贷：生产性生物资产

【经典业务详解】

1．20××年，采菊公司一片枣林进入成熟期，年折旧额为 78 000 元。

< 解析 >

月折旧额 =78 000÷12=6 500（元）

借：农业生产成本　　6 500

　　贷：生产性生物资产累计折旧　　6 500

2．20××年，日夕公司一片桃林进入成熟期，共发生化肥农药 20 000 元，人工费 24 000 元，其他养护费 16 000 元，款项均以银行存款支付。

< 解析 >

借：管理费用　　60 000

　　贷：原材料——化肥农药　　20 000

　　　　应付职工薪酬　　24 000

　　　　银行存款　　16 000

3．20××年 4 月 23 日，力耕公司将一批产畜淘汰为育肥畜，该批产畜原值为 98 000 元，已计提折旧 53 000 元。

< 解析 >

借：消耗性生物资产　　45 000

　　生产性生物资产累计折旧　　53 000

　　贷：生产性生物资产　　98 000

4．20××年 5 月 3 日，寒渚公司出售一片银杏林，取得银行存款 99 000 元，该银杏林原值为 156 000 元，已计提折旧 80 000 元，计提减值准备 10 000 元。不考虑其他因素。

< 解析 >

借：银行存款　　99 000

　　生产性生物资产累计折旧　　80 000

　　生产性生物资产减值准备　　10 000

　　贷：生产性生物资产　　156 000

　　　　营业外收入——处置非流动资产利得　　33 000

【经济业务集锦】

1．20××年，甲公司一片栗子林进入成熟期，年折旧额为 960 000 元。编制甲公司会计分录。

2．20××年，甲公司一片杏林进入成熟期，共发生化肥农药费用 75 000 元，人工费

40 000 元，其他养护费 20 000 元，款项均以银行存款支付。编制甲公司会计分录。

3. 20×× 年 3 月 17 日，甲公司将一批役畜淘汰为育肥畜，该批役畜原值为 74 000 元，已计提折旧 52 000 元。编制甲公司会计分录。

4. 20×× 年 4 月 9 日，甲公司出售一片银杏林，取得银行存款 68 000 元，该银杏林原值为 168 000 元，已计提折旧 88 000 元，计提减值准备 10 000 元。不考虑其他因素，编制甲公司会计分录。

项目八　投资性房地产业务

任务一　成本模式

【会计分录点睛】

1. 外购

借：投资性房地产——成本

　　贷：银行存款

2. 自行建造

借：投资性房地产

　　贷：银行存款等

3. 后续计量

借：其他业务成本

　　贷：投资性房地产累计折旧（摊销）

借：其他应收款等

　　贷：其他业务收入

4. 处置

借：银行存款

　　贷：其他业务收入

借：其他业务成本

　　投资性房地产累计折旧

　　贷：投资性房地产

【经典业务详解】

1. 20××年2月，惊风公司从其他单位购入一块使用年限为50年的土地，并在此土地上开始自行建造两栋厂房。11月，惊风公司预计厂房即将完工，与乙公司签订了经营租赁合同，将其中的一栋厂房租赁给乙公司使用。合同约定于厂房完工交付使用时开始起租，租赁期为6年，每年年末支付租金245万元。12月9日，两栋厂房同时完工达到预定可使用状态并交付使用。该土地所有权的成本为900万元，至完工日，该土地使用权已累计计提摊销16.50万元，两栋厂房的实际造价成本均为1 200万元，能够单独出售。两栋厂房分别占用土地为这块土地的一半面积，编制惊风公司会计分录。

<解析>

（1）厂房完工时

借：固定资产——厂房　　12 000 000

　　投资性房地产——厂房　　12 000 000

　　贷：在建工程——厂房　　24 000 000

（2）将出租厂房应分摊的土地使用权转作投资性房地产累计摊销

借：投资性房地产——已出租土地使用权　　4 500 000

　　累计摊销　　82 500

　　贷：无形资产——土地使用权　　4 500 000

　　　　投资性房地产累计摊销　　82 500

2. 泉源公司将一幢出租用房出售，取得收入5 000万元存入银行。泉源公司采用成本模式计量，该幢出租房的账面原值为8 600万元，已计提折旧5 600万元，未计提减值准备。不考虑相关税费等其他因素，编制泉源公司会计分录。

<解析>

借：银行存款　　50 000 000

　　贷：其他业务收入　　50 000 000

借：其他业务成本　　30 000 000

　　投资性房地产累计折旧　　56 000 000

　　贷：投资性房地产　　86 000 000

【经济业务集锦】

1. 20×× 年 1 月 1 日，甲公司从其他单位购入一块土地的使用权，并于同日开始在这块土地上建造两栋厂房。9 月 1 日，甲公司预计厂房即将完工，与乙公司签订了租赁合同，将其中的一栋厂房租赁给乙公司使用。租赁合同约定，该厂房于完工时开始出租。9 月 15 日，两栋厂房同时完工，该土地所有权的成本为 1 000 万元，至完工日，该土地使用权已累计计提摊销 20 万元，两栋厂房实际发生的建造成本均为 150 万元，能够单独计量。甲公司采用成本模式对投资性房地产进行后续计量，编制甲公司会计分录。

2. 20×× 年 12 月 31 日，甲公司将一处厂房转为投资性房地产对外出租，采用成本模式计量，该厂房原值为 240 万元，预计使用 10 年，预计净残值为零，已使用 3 年，采用年限平均法计提折旧，至今尚未发生减值。租赁期为 2 年，每年年末收取租金 50 万元，按月计提折旧。不考虑相关税费，编制甲公司会计分录。

任务二 公允价值模式

【会计分录点睛】

1. 外购

借：投资性房地产——成本

  贷：银行存款

2. 自行建造

借：投资性房地产

  贷：银行存款等

3. 自用房地产或存货转换

（1）转换日的公允价值小于原账面价值

借：投资性房地产——成本

  累计折旧

  固定资产减值准备

  公允价值变动损益 （借方差额）

  贷：固定资产

（2）转换日的公允价值大于原账面价值

借：投资性房地产——成本

　　累计折旧

　　固定资产减值准备

　　贷：固定资产

　　　　其他综合收益　（贷方差额）

4．后续计量

（1）公允价值上升

借：投资性房地产——公允价值变动

　　贷：公允价值变动损益——投资性房地产

（2）公允价值下降

借：公允价值变动损益——投资性房地产

　　贷：投资性房地产——公允价值变动

5．处置

借：银行存款等

　　贷：其他业务收入

借：其他业务成本

　　投资性房地产——公允价值变动

　　贷：投资性房地产——成本

【经典业务详解】

1．20××年2月，秋水公司计划购入一栋写字楼用于对外出租。3月1日，与乙企业签订了经营租赁合同，约定自写字楼购买日起将该栋写字楼出租给乙企业，为期5年。5月7日，秋水公司实际购入写字楼，支付价款共计1 100万元，与公允价值为相同金额。该写字楼所在区域有活跃的房地产交易市场，而且能够从房地产市场上获得同类房地产的市场报价。秋水公司采用公允价值模式对该项出租房地产进行后续核算。同年12月31日，该写字楼的公允价值为1 260万元。不考虑相关税费及其他因素影响，编制秋水公司会计分录。

<解析>

（1）5月7日

借：投资性房地产——成本　　　　　　11 000 000

贷：银行存款　　　　　　　　　　　　　　　11 000 000

（2）12 月 31 日

借：投资性房地产——公允价值变动　　　　1 600 000

贷：公允价值变动损益——投资性房地产　　　　1 600 000

2. 日晏公司将一幢出租用房出售，取得收入 9 600 万元存入银行。日晏公司采用公允价值模式计量，该幢出租房出售时投资性房地产的成本明细科目借方余额为 8 500 万元，公允价值变动明细科目贷方余额为 300 万元。不考虑相关税费等其他因素，编制日晏公司会计分录。

<解析>

借：银行存款　　　　　　　　　　　　96 000 000

贷：其他业务收入　　　　　　　　　　　　96 000 000

借：其他业务成本　　　　　　　　　　82 000 000

投资性房地产——公允价值变动　　　　3 000 000

贷：投资性房地产——成本　　　　　　　　85 000 000

【经济业务集锦】

1. 20×× 年 3 月 1 日，甲公司外购一栋写字楼直接租赁给乙公司使用，租赁期为 8 年，每年租金为 200 万元。甲公司对投资性房地产采用公允价值模式进行后续计量，该写字楼的买价为 3 000 万元。12 月 31 日，该写字楼的公允价值为 3 200 万元。不考虑相关税费，编制甲公司会计分录。

2. 20×× 年 7 月 5 日，甲公司将办公楼划分为投资性房地产，对外进行出租，董事会已作出书面决议，表明其用于经营出租且持有意图短期内不会发生变化，当日办公楼的账面价值为 4 100 万元，公允价值为 4 800 万元，甲公司采用公允价值模式对投资性房地产进行后续计量。同年 12 月 31 日的公允价值为 5 000 万元，次年 1 月 1 日，甲公司与承租方签订办公楼租赁合同，租赁期为 3 年，年租金为 360 万元，于每年年初收取。编制甲公司会计分录。

3. 20×× 年 5 月 9 日，甲公司将办公楼划分为投资性房地产，对外进行出租，董事会已作出书面决议，表明其用于经营出租且持有意图短期内不会发生变化，当日办公楼的账面价值为 4 200 万元，公允价值为 3 900 万元，甲公司采用公允价值模式对投资性房地产进行后续计量。同年 12 月 31 日的公允价值为 3 730 万元，次年 1 月 1 日，甲公司与承租方签订办公楼租赁合同，租赁期为 5 年，年租金为 270 万元，于每年年初收取。编制甲公司会计分录。

项目九　长期投资业务

任务一　债权投资

【会计分录点睛】

1．一般企业

（1）取得时

借：债权投资——成本

　　债权投资——利息调整

　　应收利息 / 债权投资——应计利息

　　贷：银行存款

（2）分期确认利息收入时

借：债权投资——应计利息（到期一次还本付息）/ 应收利息（分次付息，一次还本）

　　贷：投资收益

　　　　债权投资——利息调整

（3）到期收回时

分次付息，到期还本

借：银行存款

　　贷：应收利息

借：银行存款

　　贷：债权投资——成本

到期一次还本付息

借：银行存款

　　贷：债权投资——成本

　　　　债权投资——应计利息

2. 小企业

（1）取得时

借：长期债券投资——面值

　　长期债券投资——溢折价

　　应收利息

　　贷：银行存款

收到价款中包含的利息

借：银行存款

　　贷：应收利息

（2）分期确认利息收入时

借：应收利息

　　贷：长期债券投资——溢折价（摊销溢折价）

　　　　投资收益（差额）

　　　　实际收到利息

借：银行存款

　　贷：应收利息

（3）到期收回时

借：银行存款

　　贷：长期债券投资——面值

　　　　应收利息

【经典业务详解】

凝香公司为一家小企业。20×× 年 1 月 1 日，从二级市场购入乙公司债券，支付价款合计 510 000 元（含已宣告但尚未领取的利息 10 000 元），另支付交易费用 10 000 元。该债券面值 500 000 元，剩余期限为 2 年，票面年利率为 4%，每半年付息一次（每年 1 月 5 日、7 月 5 日付息），合同现金流量特征仅为本金和以未偿付本金金额为基础的利息的支付。凝香公司准备持有至到期，将此债券分类为长期债券投资进行核算与管理。不考虑增值税等其他因素，编制凝香公司会计分录。

<解析>

（1）购入乙公司债券时

借：长期债券投资——面值　　500 000

　　长期债券投资——溢折价　　10 000

　　应收利息　　10 000

　　贷：银行存款　　520 000

（2）收到购入时含有的利息

借：银行存款　　10 000

　　贷：应收利息　　10 000

（3）每年6月30日和12月31日分别确认投资收益

每半年应收利息 =500 000×4%÷2=10 000（元）

溢折价摊销 =10 000÷4=2 500（元）

借：应收利息　　10 000

　　贷：长期债券投资——溢折价　　2 500

　　　　投资收益　　7 500

（4）每年1月5日、7月5日收到半年的应收利息时

借：银行存款　　10 000

　　贷：应收利息　　10 000

（5）到期收到最后一期利息及本金510 000元

借：银行存款　　510 000

　　贷：长期债券投资——面值　　500 000

　　　　应收利息　　10 000

【经济业务集锦】

1. 20××年1月1日，甲公司从市场上购入乙公司当日发行的3年期、分期付息（于次年1月5日付息）、到期一次还本的债券，面值总额为2 000万元，票面年利率为5%，实际支付价款为1 980万元，另发生相关税费2万元。甲公司将该债券划分为债权投资核算。编制甲公司会计分录。

2. 20××年1月1日，甲公司于以1 070万元的价款购入乙公司发行的面值为1 000万元的债券，价款中含已到付息期尚未领取的利息40万元。该债券是上年1月1日发行，期限5年，票面利率为4%，按年付息。20××年1月5日，甲公司收到债券利息。编制甲公司会计分录。

3. 甲公司为一家小企业。20××年1月1日，从二级市场购入乙公司债券，支付价

款合计 1 020 000 元（含已宣告但尚未领取的利息 20 000 元），另支付交易费用 10 000 元。该债券面值 1 000 000 元，剩余期限为 2 年，票面年利率为 4%，每半年付息一次（每年 1 月 5 日、7 月 5 日付息），合同现金流量特征仅为本金和以未偿付本金金额为基础的利息的支付。甲公司准备持有至到期，分类为长期债券投资进行核算与管理。编制甲公司会计分录。

任务二 长期股权投资——成本法

【会计分录点睛】

一、取得

（一）企业合并形成

1. 同一控制下企业合并形成的长期股权投资

（1）合并方以支付现金、转让非现金资产或承担债务方式作为合并对价

借：长期股权投资

资本公积——资本溢价或股本溢价

盈余公积（资本公积不足冲减时）

利润分配——未分配利润（资本公积和盈余公积不足冲减时）

贷：银行存款等

合并方以发行权益性证券作为合并对价

借：长期股权投资

资本公积——资本溢价或股本溢价

盈余公积（资本公积不足冲减时）

利润分配——未分配利润（资本公积和盈余公积不足冲减时）

贷：股本

2. 非同一控制下企业合并形成的长期股权投资

购买方以支付现金、转让非现金资产（以固定资产为例）或承担债务方式等作为合并对价的

借：长期股权投资

累计折旧

固定资产减值准备

贷：银行存款

固定资产

资产处置损益等

（2）购买方以发行权益性证券作为合并对价的

借：长期股权投资

贷：股本

资本公积——资本溢价或股本溢价

借：管理费用

贷：银行存款等

（二）以非企业合并方式形成

借：长期股权投资

贷：银行存款等

二、持有期间

1. 宣告发放现金股利或利润

借：应收股利

贷：投资收益

2. 计提长期股权投资减值准备

借：资产减值损失

贷：长期股权投资减值准备

三、处置

借：银行存款

长期股权投资减值准备

贷：长期股权投资

应收股利

投资收益 （若投资获得收益）

或

借：银行存款

长期股权投资减值准备

投资收益 （若投资发生损失）

贷：长期股权投资

应收股利

【经典业务详解】

1. 凌风公司和乙公司为同一母公司最终控制下的两家公司。20×× 年 6 月 30 日，凌风公司向其母公司支付现金 45 000 000 元，取得母公司拥有的乙公司 100% 的股权，于当日起能够对乙公司实施控制。合并后乙公司仍维持其独立法人地位继续经营。当日母公司合并报表中乙公司的净资产账面价值为 40 000 000 元。在凌风、乙公司合并前采用的会计政策相同。不考虑相关税费等其他因素影响，编制凌风公司会计分录。

< 解析 >

借：长期股权投资——乙公司　　40 000 000

　　资本公积——股本溢价　　5 000 000

　　贷：银行存款　　　　45 000 000

2. 群彦公司和乙公司为同一母公司最终控制下的两家公司。20×× 年 6 月 30 日，群彦公司向其母公司发行 1 000 万股普通股（每股面值为 1.00 元，每股公允价值为 4.50 元），取得母公司拥有的乙公司 100% 的股权，于当日起能够对乙公司实施控制。合并后乙公司仍维持其独立法人地位继续经营。当日母公司合并报表中乙公司的净资产账面价值 40 000 000 元。在群彦、乙公司合并前采用的会计政策相同。不考虑相关税费等其他因素影响，编制群彦公司会计分录。

< 解析 >

借：长期股权投资——乙公司　　40 000 000

　　贷：股本　　　　10 000 000

　　　　资本公积——股本溢价　　　　30 000 000

3. 雨夕公司和乙公司为非同一控制下的两家独立公司。20×× 年 6 月 30 日，雨夕公司以其拥有的固定资产对乙公司投资，取得乙公司 60% 的股权。该固定资产原值 1 500 万元，已计提折旧 400 万元，已计提减值准备 50 万元，投资日该固定资产的公允价值为 1 250 万元。当日乙公司的可辨认净资产公允价值为 2 000 万元。不考虑相关税费等其他因素影响，编制雨夕公司会计分录。

< 解析 >

借：长期股权投资——乙公司　　12 500 000

　　累计折旧　　4 000 000

　　固定资产减值准备　　500 000

　　贷：固定资产　　　　15 000 000

　　　　资产处置损益　　　　2 000 000

4. 采山公司和乙公司为非同一控制下的两家独立公司。20×× 年 6 月 30 日，采山公司以发行普通股 8 000 万股取得乙公司有表决权的股份 60%。该股票面值为每股 1.00 元，市场发行价格为 5.00 元，向证券承销机构支付股票发行相关税费 1 200 万元。不考虑其他因素影响，编制采山公司会计分录。

<解析>

借：长期股权投资——乙公司　　400 000 000

　　贷：股本　　80 000 000

　　　　资本公积——股本溢价　　320 000 000

支付发行相关税费

借：资本公积——股本溢价　　12 000 000

　　贷：银行存款　　12 000 000

5. 丝缕公司和乙公司为非同一控制下的两家独立小型有限责任股份公司。20×× 年 6 月 30 日，丝缕公司支付现金 300 万元取得乙公司 20% 有表决权的股份准备长期持有。同年 12 月 31 日，乙公司利润表显示当年实现净利润 120 万元。次年 2 月 20 日发布经股东会批准的利润决算报告，决定分配现金股利 80 万元；3 月 20 日发放了全部股利。编制丝缕公司会计分录。

<解析>

（1）20×× 年 6 月 30 日取得长期股权投资时

借：长期股权投资——乙公司　　3 000 000

　　贷：银行存款　　3 000 000

（2）2 月 20 日乙公司发布利润分配公告时

借：应收股利　　160 000

　　贷：投资收益　　160 000

（3）3 月 20 日收到乙公司发放的股利时

借：银行存款　　160 000

　　贷：应收股利　　160 000

【经济业务集锦】

1. 甲公司于 20×× 年 1 月 10 日自非关联方处取得乙公司 70% 股权，成本为 2 000 万元，相关手续于当日完成，并能够对乙公司实施控制。同年 2 月 6 日，乙公司宣告分派现金股利，甲公司按照持股比例可取得 20 万元。2 月 12 日实际分派现金股利。不考虑相关税费等其他因素的影响，编制甲公司会计分录。

2. 20×× 年 1 月 1 日，甲公司以银行存款 2 000 万元从关联方处取得乙公司 80% 有表决权的股份，当日乙公司在其最终控制方合并财务报表中的可辨认净资产账面价值为 2 000 万元，公允价值为 2 400 万元。甲公司另支付审计及法律服务费用 20 万元，当日完成股权变更手续。6 月 1 日，乙公司宣告发放现金股利 100 万元，并于 6 月 20 日实际发放该股利。12 月 31 日，乙公司实现的净利润为 800 万元。不考虑其他因素，编制甲公司会计分录。

3. 20× × 年2月1日，甲公司购入非关联方D股份公司股票100万股，每股成交价为5.00元，占D股份公司有表决权资本的60%，款项均以银行存款支付。3月5日，D公司宣告发放上年度的现金股利，每股为0.10元。3月28日，收到现金股利，存入银行。第二年4月2日，D公司宣告分派20× × 年度现金股利，每股为0.20元。第二年4月30日，收到现金股利存入银行。编制甲公司会计分录。

任务三 长期股权投资——权益法

【会计分录点睛】

1. 取得

（1）长期股权投资的初始成本大于投资时应享有被投资单位可辨认净资产公允价值份额的，不调整已确认的初始投资成本。

借：长期股权投资——投资成本

　　贷：银行存款

（2）长期股权投资的初始成本小于投资时应享有被投资单位可辨认净资产公允价值份额的，调整初始投资成本。

借：长期股权投资——投资成本

　　贷：银行存款

　　　　营业外收入等

2. 持有期间

（1）资产负债表日被投资单位盈亏

盈利

借：长期股权投资——损益调整

　　贷：投资收益

亏损

借：投资收益

　　贷：长期股权投资——损益调整

　　　　长期应收款

　　　　预计负债

（2）被投资单位分配现金股利或利润

宣告时

借：应收股利

　　贷：长期股权投资——损益调整

实际收到时

借：银行存款

　　贷：应收股利

（3）被投资单位其他综合收益变动

借：长期股权投资——其他综合收益

　　贷：其他综合收益

或

借：其他综合收益

　　贷：长期股权投资——其他综合收益

（4）被投资单位所有者权益的其他变动

借：长期股权投资——其他权益变动

　　贷：资本公积——其他资本公积

或

借：资本公积——其他资本公积

　　贷：长期股权投资——其他权益变动

（5）计提长期股权投资减值准备

借：资产减值损失

　　贷：长期股权投资减值准备

3. 处置

借：银行存款

　　长期股权投资减值准备

　　贷：长期股权投资——投资成本

　　　　长期股权投资——损益调整

　　　　长期股权投资——其他综合收益

　　　　长期股权投资——其他权益变动

　　　　投资收益

同时

借：其他综合收益

　　资本公积——其他资本公积

贷：投资收益

【经典业务详解】

20×× 年 1 月 1 日，浩丰公司以 500 万元取得乙公司发行的普通股 120 万股，拥有乙公司 30% 的股份，能够对其财务和经营政策施加重大影响。取得投资时，乙公司可辨认净资产公允价值为 2 000 万元。同年 12 月 31 日，乙公司经审计的年度利润表中当年实现的净利润为 5 000 万元。次年 3 月 20 日，乙公司经股东大会批准，宣告现金股利分配方案为每股 2.00 元。浩丰公司于 4 月 20 日收到乙公司发放的现金股利。编制浩丰公司会计分录。

（1）20×× 年 1 月 1 日取得长期股权投资时

借：长期股权投资——投资成本　　6 000 000

　　贷：银行存款　　5 000 000

　　　　营业外收入　　1 000 000

（2）12 月 31 日乙公司实现净利润时

借：长期股权投资——损益调整　　15 000 000

　　贷：投资收益　　15 000 000

（3）次年 3 月 20 日乙公司宣告发放现金股利时

借：应收股利　　2 400 000

　　贷：长期股权投资——损益调整　　2 400 000

（4）4 月 20 日浩丰公司收到现金股利时

借：银行存款　　2 400 000

　　贷：应收股利　　2 400 000

【经济业务集锦】

1. 20×× 年 1 月 1 日，甲公司购入乙公司同日对外发行的普通股股票 100 万股，共支付价款 300 万元，该部分股票占乙公司有表决权股份的 25%，对乙公司能够施加重大影响。购入当日，乙公司可辨认净资产公允价值为 1 400 万元。同年 12 月 31 日，乙公司实现净利润 600 万元，宣告发放现金股利 100 万元。编制甲公司会计分录。

2. 20×× 年 6 月 5 日，甲公司以银行存款购入乙股份公司股票 200 万股（对方总股本为 1 000 万股，具有重大影响），每股为 7.00 元，投资日乙公司所有者权益总额为 6 000 万元。假定被投资单位可辨认净资产公允价值与所有者权益的账面价值相同。6 月 30 日，乙公司股票公允价值为 7 500 万元。12 月 31 日，乙公司实现年度净利润 780 万元。第二年 2 月 2 日，乙公司宣告发放现金股利 400 万元，即每 10 股发放 4.00 元。第二年 3 月 2 日，收到乙公司发放的现金股利，存入银行。第二年 12 月 31 日，乙公司发生净亏损 280 万元。

编制甲公司会计分录。

3. 20××年1月1日，甲公司以银行存款6 080万元购入乙股份有限公司股票，占乙公司有表决权股份的25%，对乙公司的财务和经营政策具有重大影响。当日，乙公司所有者权益总额为24 000万元。假定被投资单位可辨认净资产公允价值与所有者权益的账面价值相同。5月2日，乙公司宣告发放上年度的现金股利600万元，并于5月26日实际发放。12月31日，乙公司实现净利润3 800万元。第二年12月31日，乙公司发生净亏损1 900万元。第三年6月30日，乙公司增发股票，进行会计处理后，资本公积增加1 000万元。编制甲公司的会计分录。

项目十　负债业务

任务一　短期借款

【会计分录点睛】

1. 取得资金

借：银行存款

　　贷：短期借款

2. 计算利息

（1）预提利息

借：财务费用

　　贷：应付利息

（2）支付利息

借：财务费用

　　应付利息

　　贷：银行存款

3. 偿还本息

借：短期借款

　　贷：银行存款

【经典业务详解】

20×× 年 1 月 1 日，陶然公司向银行借入一笔生产经营用短期借款共计 100 万元，期限为 9 个月，年利率为 3.6%。根据与银行签署的借款协议，该项借款的本金到期后一次归还，利息按季支付。

< 解析 >

（1）1 月 1 日借入短期借款

借：银行存款　　1 000 000

　　贷：短期借款　　1 000 000

（2）1 月末计提 1 月份应付利息

本月应计提的利息＝ 1 000 000 × 3.6% ÷ 12 ＝ 3 000（元）

借：财务费用　　3 000

　　贷：应付利息　　3 000

2 月末计提 2 月份利息费用的处理与 1 月份相同

借：财务费用　　3 000

　　贷：应付利息　　3 000

（3）3 月末支付第 1 季度银行借款利息

借：财务费用　　3 000

　　应付利息　　6 000

　　贷：银行存款　　9 000

第 2、第 3 季度的会计处理同上

（4）10 月 1 日偿还银行借款本金

借：短期借款　　1 000 000

　　贷：银行存款　　1 00 000

【经济业务集锦】

20× × 年 9 月 1 日，陶然公司向银行借入资金 350 万元用于生产经营，借款期限为 3 个月，年利率为 6%，到期一次还本付息，利息按月计提。编制相关会计分录。

任务二　应付及预收账款

【会计分录点睛】

1. 应付票据

（1）签发商业汇票

借：原材料

应交税费——应交增值税（进项税额）

贷：应付票据

（2）承兑手续费

借：财务费用

应交税费——应交增值税（进项税额）

贷：银行存款

（3）支付商业汇票款

借：应付票据

贷：银行存款

（4）应付票据无力支付

借：应付票据

贷：应付账款（商业承兑汇票）

短期借款（银行承兑汇票）

2. 应付账款

（1）发生时

借：原材料 / 材料采购等

应交税费——应交增值税（进项税额）

贷：应付账款

（2）偿付时

借：应付账款

贷：应付票据（开出商业汇票抵付）

银行存款（以银行存款支付）

3. 预收账款

（1）取得预收款时

借：银行存款等

贷：预收账款

应交税费——应交增值税（销项税额）

（2）确认收入时

借：预收账款

贷：主营业务收入 / 其他业务收入

4. 应付利息

（1）利息的计提

借：在建工程（工程改造 / 固定资产改良）
　　研发支出（无形资产研发）
　　财务费用（一般日常经营）
　　贷：应付利息
（2）实际支付利息
借：应付利息
　　贷：银行存款

【经典业务详解】

1. 陶然公司为增值税一般纳税人，原材料按计划成本法核算。20×× 年 5 月 6 日购入原材料一批，增值税专用发票上注明的材料价款为 30 000 元，增值税税额为 3 900 元，原材料验收入库。该企业开出并经开户银行承兑的商业汇票一张，面值为 33 900 元，期限 5 个月。缴纳银行承兑手续费 33.90 元，另支付增值税 2.03 元。10 月 6 日商业汇票到期，陶然公司通知其开户银行以银行存款支付票款。

< 解析 >

（1）开出并承兑商业汇票购入材料
借：材料采购　　30 000
　　应交税费——应交增值税（进项税额）　　3 900
　　贷：应付票据　　33 900
（2）支付商业汇票承兑手续费
借：财务费用　　33.90
　　应交税费——应交增值税（进项税额）　　2.03
　　贷：银行存款　　35.93
（3）支付商业汇票款
借：应付票据　　33 900
　　贷：银行存款　　33 900

2. 陶然公司为增值税一般纳税人，适用的增值税税率为 13%。20×× 年 7 月 1 日，陶然公司与乙公司签订经营租赁（非主营业务）吊车合同，向乙公司出租吊车 3 台，期限为 6 个月，3 台吊车租金（含税）共计 135 600 元。合同约定，合同签订日预付租金（含税）45 200 元，合同到期结清全部租金余款。合同签订日，陶然公司收到租金并存入银行，开具的增值税专用发票注明租金 40 000 元，增值税 5 200 元。租赁期满日，陶然公司收到租金余款及相应的增值税。

<解析>

（1）收到乙公司预付租金

借：银行存款 45 200

贷：预收账款——乙公司 40 000

应交税费——应交增值税（销项税额） 5 200

（2）每月末确认租金收入

借：预收账款——乙公司 20 000

贷：其他业务收入 20 000

（3）租赁期满收到租金余款及增值税

借：银行存款 90 400

贷：预收账款——乙公司 80 000

应交税费——应交增值税（销项税额） 10 400

3. 陶然公司借入 5 年期到期还本、每年付息的长期借款 400 万元，合同约定年利率为 6%。

<解析>

（1）每年利息费用 =4 000 000×6%=240 000（元）

借：财务费用 240 000

贷：应付利息 240 000

（2）每年实际支付利息

借：应付利息 240 000

贷：银行存款 240 000

【经济业务集锦】

1. 甲企业为增值税一般纳税人。20×× 年 6 月 1 日，从 A 公司购入一批材料，增值税专用发票上注明的价款为 200 000 元，增值税 26 000 元；同时，对方代垫运杂费 1 000 元，增值税税额 90 元，已收到对方转来增值税专用发票。材料验收入库（该企业材料按实际成本计价核算），款项尚未支付。7 月 10 日，甲企业以银行存款支付购入材料相关款项 227 090 元。编制相关会计分录。

2. 20×× 年 5 月 20 日，丙企业收到银行转来供电部门开具的增值税专用发票，发票上注明的电费为 38 400 元，增值税税额为 4 992 元，企业以银行存款付讫。月末，该企业经计算，本月应付电费 38 400 元，其中生产车间电费 25 600 元，企业行政管理部门电费 12 800 元。编制相关会计分录。

3. 20×× 年 12 月 31 日，丁企业确认一笔应付某公司货款 56 500 元为无法支付的款项，对此予以转销。编制相关会计分录。

任务三 应付职工薪酬

【会计分录点睛】

1. 货币性职工薪酬

（1）计提

借：生产成本　　（生产车间生产工人薪酬）

制造费用　　（生产车间管理人员薪酬）

管理费用　　（行政管理人员薪酬）

销售费用　　（销售人员薪酬）

合同履约成本

研发支出　　（从事研发活动人员薪酬）

在建工程等　　（从事工程建设人员薪酬）

贷：应付职工薪酬——工资 / 奖金 / 津贴 / 补贴　　（应发）

（2）发放

借：应付职工薪酬——工资 / 奖金 / 津贴 / 补贴

贷：其他应收款　　（代垫的家属医药费等）

应交税费——应交个人所得税　（代扣的个人所得税）

银行存款等　　（实际支付给职工的款项）

2. 非货币性职工薪酬

（1）计提

借：生产成本 / 制造费用 / 管理费用 / 销售费用 / 合同履约成本 / 研发支出 / 在建工程等

贷：应付职工薪酬——非货币性福利

（2）发放

借：应付职工薪酬——非货币性福利

贷：主营业务收入

应交税费——应交增值税（销项税额）

借：主营业务成本

　　贷：库存商品

3．企业将拥有的房屋等资产无偿提供给职工使用的，应当根据受益对象，将该住房每期应计提的折旧计入相关资产成本或当期损益，同时确认应付职工薪酬。

借：管理费用 / 生产成本 / 制造费用等

　　贷：应付职工薪酬——非货币性福利

借：应付职工薪酬——非货币性福利

　　贷：累计折旧

【经典业务详解】

1．陶然公司下设一所职工食堂，每月根据在岗职工数量及岗位分布情况、相关历史经验数据等计算需要补贴食堂的金额，从而确定企业每期因补贴职工食堂需要承担的福利费金额。20×× 年 9 月，企业在岗职工共计 300 人，其中管理部门 100 人，生产车间生产人员 200 人，企业的历史经验数据表明，每个职工每月需补贴给食堂 250 元。20×× 年 10 月，乙企业支付 30 000 元补贴给食堂。编制 20×× 年 9 月计提职工福利费时及 20×× 年 10 月实际支付补贴款时相关分录。

<解析>

（1）20×× 年 9 月计提职工福利费

借：生产成本	50 000	
管理费用	25 000	
贷：应付职工薪酬——职工福利费		75 000

（2）20×× 年 10 月实际支付补贴款

借：应付职工薪酬——职工福利费	75 000	
贷：银行存款		75 000

2．陶然公司为家电生产企业，共有职工 200 名，其中 170 名为直接参加生产的职工，30 名为总部管理人员。20×× 年 12 月，陶然公司以其生产的每台成本为 1 500 元的电暖器作为春节福利发放给公司每名职工。该型号的电暖器市场售价为每台 2 000 元，陶然公司适用的增值税税率为 13%。编制陶然公司的有关会计处理分录。

<解析>

应确认的应付职工薪酬 =200×2 000+200×2 000×13%=452 000（元）

借：生产成本	384 200	
管理费用	67 800	

贷：应付职工薪酬——非货币性福利 452 000

3. 承上题，陶然公司向职工发放电暖器作为福利，同时要根据相关税收规定，视同销售计算增值税销项税额。编制陶然公司的有关会计处理分录。

< 解析 >

借：应付职工薪酬——非货币性福利 452 000

　　贷：主营业务收入 400 000

　　　　应交税费——应交增值税（销项税额） 52 000

借：主营业务成本 300 000

　　贷：库存商品——电暖器 300 000

【经济业务集锦】

1. 20×× 年 7 月 31 日，某企业确认本月应发放生产车间职工的降温补贴 11 500 元，其中车间生产工人 8 500 元，车间管理人员 3 000 元。全部款项将于发放职工工资时支付。编制相关会计分录。

2. 甲公司总部共有部门经理以上职级职工 20 名，公司为每人提供一辆保时捷汽车免费使用。汽车为自有汽车，每辆汽车每月计提折旧 1 000 元。编制相关会计分录。

任务四 应交税费

【会计分录点睛】

1. 应交增值税

（1）一般纳税人购进货物 / 加工修理修配劳务 / 服务 / 无形资产 / 不动产

借：在途物资 / 原材料 / 库存商品 / 无形资产 / 固定资产等

　　应交税费——应交增值税增（进项税额）

　　应交税费——待认证进项税额

　　贷：应付账款 / 应付票据 / 银行存款等

（2）不得抵扣进项税额

取得增值税专用发票时

借：原材料等

应交税费——待认证进项税额

贷：银行存款等

经税务机关认证后不可抵扣

借：应交税费——应交增值税（进项税额）

贷：应交税费——待认证进项税额

借：原材料等

贷：应交税费——应交增值税（进项税额转出）

（3）销售业务的账务处理

企业销售货物 / 提供加工修理修配劳务 / 销售服务 / 无形资产 / 不动产

借：应收账款 / 银行存款等

贷：主营业务收入 / 其他业务收入 / 固定资产清理等

应交税费——应交增值税（销项税额）　　　（一般计税方法）

应交税费——简易计税　　　　　　　　　（简易计税方法）

销售货物发生销售退回的，根据税务机关开具的红字增值税专用发票做相反的分录。

（4）视同销售

将自产、委托加工的货物用于集体福利或个人消费

借：应付职工薪酬

贷：主营业务收入 / 其他业务收入

应交税费——应交增值税（销项税额）

借：主营业务成本 / 其他业务成本

贷：库存商品 / 原材料

将自产、委托加工或购买的货物作为投资提供给其他单位或个体经营者

借：长期股权投资

贷：主营业务收入 / 其他业务收入

应交税费——应交增值税（销项税额）

借：主营业务成本 / 其他业务成本

贷：库存商品 / 原材料

将自产、委托加工或购买的货物分配给股东或投资者

借：利润分配

贷：应付股利

借：应付股利

贷：主营业务收入 / 其他业务收入

应交税费——应交增值税（销项税额）

借：主营业务成本 / 其他业务成本

　　贷：库存商品 / 原材料

将自产、委托加工或购买的货物无偿赠送给他人

借：营业外支出

　　贷：库存商品 / 原材料

　　　　应交税费——应交增值税（销项税额）

（5）月末转出多交增值税和未交增值税

对于当月应交未交的增值税

借：应交税费——应交增值税（转出未交增值税）

　　贷：应交税费——未交增值税

对于当月多交的增值税

借：应交税费——未交增值税

　　贷：应交税费——应交增值税（转出多交增值税）

（6）小规模纳税人的账务处理

采购货物或服务

借：原材料 / 库存商品等　　　　　　　　　　（价税合计）

　　贷：应付账款 / 银行存款等

销售货物或服务

借：银行存款 / 应收账款等

　　贷：主营业务收入

　　　　应交税费——应交增值税

实际缴纳增值税时

借：应交税费——应交增值税

　　贷：银行存款

（7）一般纳税人实际缴纳增值税时

缴纳本月增值税

借：应交税费——应交增值税（已交税金）

　　贷：银行存款

缴纳以前月份增值税

借：应交税费——未交增值税

　　贷：银行存款

（8）差额征税

确认收入时

借：银行存款 / 应收账款等

贷：主营业务收入

应交税费——应交增值税（销项税额）

发生费用时

借：主营业务成本

贷：银行存款

抵减销项税额时

借：应交税费——应交增值税（销项税额抵减）

贷：主营业务成本

（9）增值税专用税控系统减免税款

初次购买专用设备时

借：固定资产

贷：银行存款

减免税款时

借：应交税费——应交增值税（减免税款）

贷：管理费用

发生技术维护费时

借：管理费用

贷：银行存款

减免税款时

借：应交税费——应交增值税（减免税款）

贷：管理费用

2. 应交消费税

（1）销售应税消费品

借：税金及附加

贷：应交税费——应交消费税

（2）自产自用应税消费品

借：在建工程

贷：应交税费——应交消费税

（3）委托加工环节消费税

用于连续生产应税消费品计入“应交税费——应交消费税”

用于直接销售计入“委托加工物资”

（4）实际缴纳时

借：应交税费——应交消费税
　　贷：银行存款
3．附加税
（1）计算、确认应交附加税时
借：税金及附加
　　贷：应交税费——应交城市维护建设税
　　　　应交税费——应交教育费附加
　　　　应交税费——应交地方教育费附加
（2）实际缴纳时
借：应交税费——应交城市维护建设税
　　应交税费——应交教育费附加
　　应交税费——应交地方教育费附加
　　贷：银行存款
4．土地使用税
（1）计算、确认应交土地使用税时
借：在建工程
　　贷：应交税费——应交土地使用税
（2）实际缴纳时
借：应交税费——应交土地使用税
　　贷：银行存款
5．土地增值税
（1）计算、确认应交土地增值税时
借：固定资产清理
　　贷：应交税费——应交土地增值税
（2）实际缴纳时
借：应交税费——应交土地增值税
　　贷：银行存款
6．房产税
（1）计算、确认应交房产税时
借：税金及附加
　　贷：应交税费——应交房产税
（2）实际缴纳时
借：应交税费——应交房产税

贷：银行存款

7. 车船使用税

（1）计算、确认应交车船税时

借：税金及附加

贷：应交税费——应交车船税

（2）实际缴纳时

借：应交税费——应交车船税

贷：银行存款

8. 印花税

借：税金及附加

贷：银行存款

9. 资源税

（1）计算对外销售应税产品应交资源税时

借：税金及附加

贷：应交税费——应交资源税

（2）计算自产自用应税产品应交资源税时

借：生产成本 / 制造费用

贷：应交税费——应交资源税

【经典业务详解】

1. 陶然公司为增值税一般纳税人，适用的增值税税率为13%，原材料按实际成本核算，销售商品价格为不含增值税的公允价格。20×× 年6月份发生交易或事项以及相关的会计分录如下：

（1）5日，购入原材料一批，增值税专用发票上注明的价款为30 000元，增值税税额为3 900元，材料尚未到达，全部款项已用银行存款支付。

<解析>

借：在途物资	30 000	
应交税费——应交增值税（进项税额）	3 900	
贷：银行存款		33 900

（2）20日，购入农产品一批，农产品收购发票上注明的买价为2 000元，规定的扣除率为9%，货物验收入库，价款尚未支付。

<解析>

进项税额 = 购买价款 × 扣除率 =2 000×9%=180（元）

借：原材料　　　　　　　　　　　　　　　1 820

　　应交税费——应交增值税（进项税额）　　180

　　贷：应付账款　　　　　　　　　　　　　　2 000

（3）10 日，库存材料因管理不善发生火灾损失，材料实际成本为 20 000 元，增值税专用发票确认的增值税额 2 600 元。

< 解析 >

借：待处理财产损溢　　　　　　　　　　22 600

　　贷：原材料　　　　　　　　　　　　　　20 000

　　　　应交税费——应交增值税（进项税额转出）　2 600

2. 陶然公司 20×× 年 6 月份销售产品一批，开具增值税专用发票上注明的价款是 200 万元，增值税额 26 万元，提货单和增值税专用发票已交给买方，款项尚未收到。

< 解析 >

借：应收账款　　　　　　　　　　2 260 000

　　贷：主营业务收入　　　　　　　　　2 000 000

　　　　应交税费——应交增值税（销项税额）　260 000

3. 10 日，陶然公司对外捐赠生产的产品，该批产品的实际成本为 800 万元，售价为 2 000 万元，开具的增值税专用发票上注明的增值税税额为 260 万元。

< 解析 >

借：营业外支出　　　　　　　　10 600 000

　　贷：库存商品　　　　　　　　　　　8 000 000

　　　　应交税费——应交增值税（销项税额）　2 600 000

4. 20×× 年 6 月份，陶然公司当月发生销项税额合计 32.64 万元，进项税额转出合计 3.68 万元，增值税进项税额合计 35.97 万元，当月已交增值税 0.3 万元。

< 解析 >

（1）缴纳 6 月份当月已交增值税 0.3 万元

借：应交税费——应交增值税（已交税金）　　3 000

　　贷：银行存款　　　　　　　　　　　　　3 000

（2）7 月份缴纳 6 月份未交增值税 0.05 万元

借：应交税费——未交增值税　　　　　　　　500

　　贷：银行存款　　　　　　　　　　　　　　500

5. 甲公司 20×× 年 11 月发生以下有关委托加工应税消费品业务，分别编制会计分录。

（1）4 日，发出原材料一批，实际成本 40 000 元。

（2）11 日，用银行存款支付加工费 10 000 元，增值税 1 300 元，支付消费税 2 000 元。

（3）20 日，收回加工完成的应税消费品，作为原材料入库，用于连续生产应税消费品。

<解析>

（1）借：委托加工物资　　40 000

　　贷：原材料　　40 000

（2）借：委托加工物资　　10 000

　　应交税费——应交增值税（进项税额）　　1 300

　　应交税费——应交消费税　　2 000

　　贷：银行存款　　13 300

（3）借：原材料　　50 000

　　贷：委托加工物资　　50 000

6. 丙公司为增值税一般纳税人，发生下列经济业务，分别编制会计分录。

（1）20×× 年 11 月 4 日，补交 10 月份未交增值税 8 000 元。

（2）20×× 年 11 月 10 日，预交 11 月增值税 20 000 元。

（3）20×× 年 11 月 30 日，转出 11 月未交增值税 1 000 元。

<解析>

（1）借：应交税费——未交增值税　　8 000

　　贷：银行存款　　8 000

（2）借：应交税费——应交增值税（已交税金）　　20 000

　　贷：银行存款　　20 000

（3）借：应交税费——应交增值税（转出未交增值税）1 000

　　贷：应交税费——未交增值税　　1 000

7. 某公司为增值税一般纳税人，发生技术维护费，取得增值税专用发票上注明的价款为 30 000 元，增值税税额为 3 900 元，价款和税款以银行存款支付。

<解析>

借：管理费用　　33 900

　　贷：银行存款　　33 900

借：应交税费——应交增值税（减免税款）　　33 900

　　贷：管理费用　　33 900

8. 丁公司为增值税小规模纳税人，20×× 年 11 月，销售产品一批，全部价款为 10 300 元，款项收到，存入银行。

（1）计算不含税销售额。

（2）计算应征税额。

（3）编制会计分录。

<解析>

（1）不含税销售额 = 含税销售额 ÷（1+3%）=10 300÷1.03=10 000（元）

（2）应征税额 =10 000×3%=300（元）

（3）借：银行存款　　10 300

　　贷：主营业务收入　　10 000

　　　　应交税费——应交增值税　　300

9. 乙企业在建工程领用自产石脑油，成本为 70 000 元，应纳消费税 2 100 元，不考虑其他相关税费。编制乙企业相关会计分录。

<解析>

借：在建工程　　72 100

　　贷：库存商品　　70 000

　　　　应交税费——应交消费税　　2 100

10. 甲企业本期实际应交增值税 50 000 元，消费税 20 000 元，城市维护建设税税率为 7%，教育费附加率为 3%。编制甲企业相关会计分录。

<解析>

（1）计算应交城市维护建设税、应交教育费附加

借：税金及附加　　7 000

　　贷：应交税费——应交城市维护建设税　　4 900

　　　　应交税费——应交教育费附加　　2 100

（2）用银行存款缴纳城市维护建设税

借：应交税费——应交城市维护建设税　　4 900

　　应交税费——应交教育费附加　　2 100

　　贷：银行存款　　7 000

11. 按税法规定本期应交房产税 20 000 元，车船税 1 000 元，城镇土地使用税 6 000 元。

（1）计算应交纳税金，编制会计分录

（2）用银行存款交纳税金，编制会计分录

<解析>

（1）计算应交税金

借：税金及附加　　27 000

　　贷：应交税费——应交房产税　　20 000

　　　　应交税费——应交城镇土地使用税　　6 000

应交税费——应交车船税 1 000

（2）用银行存款缴纳税金

借：应交税费——应交房产税 20 000

应交税费——应交城镇土地使用税 6 000

应交税费——应交车船税 1 000

贷：银行存款 27 000

12. 甲企业对外转让一栋厂房，根据税法规定计算的应交土地增值税为 3 000 元。

（1）计算应交土地增值税，编制会计分录

（2）用银行存款缴纳土地增值税，编制会计分录。

< 解析 >

（1）计算应交土地增值税

借：固定资产清理 3 000

贷：应交税费——应交土地增值税 3 000

（2）用银行存款缴纳土地增值税

借：应交税费——应交土地增值税 3 000

贷：银行存款 3 000

13. 甲企业本期对外销售资源税应税矿产品 3 000 吨，将自产资源税应税矿产品 200 吨用于其产品生产，税法规定每吨矿产品应交资源税 5.00 元。

（1）计算对外销售应税矿产品应交资源税，编制会计分录。

（2）计算自用应税矿产品应交资源税，编制会计分录。

（3）编制缴纳资源税会计分录。

< 解析 >

（1）对外销售应税矿产品应交资源税 =3 000×5=15 000（元）

借：税金及附加 15 000

贷：应交税费——应交资源税 15 000

（2）自用应税矿产品应交资源税 =200×5=1 000（元）

借：生产成本 1 000

贷：应交税费——应交资源税 1 000

（3）缴纳资源税

借：应交税费——应交资源税 16 000

贷：银行存款 16 000

【经济业务集锦】

1. 1 日，甲公司购入不需要安装的生产设备一台，增值税专用发票上注明的价款为 20 000 元，增值税税额为 2 600 元，款项尚未支付。编制相关会计分录。

2. 10 日，甲公司一批原材料因违法违规发生损失，原材料成本 100 万元，增值税专用发票确认的增值税额 13 万元。编制相关会计分录。

3. 某旅行社为增值税一般纳税人，应交增值税采用差额征税方式核算。20×× 年 7 月，该旅行社为乙公司提供职工境内旅游服务，向乙公司收取含税价款 318 万元，其中增值税 18 万元，全部款项已收妥入账。旅行社以银行存款支付其他接团旅游企业的旅游费用和其他单位相关费用共计 212 万元，其中，因允许扣减销售额而减少的销项税额为 12 万元。编制相关会计分录。

4. 某公司为增值税一般纳税人，将初次购买的数台增值税税控系统专用设备作为固定资产核算，取得增值税专用发票上注明的价款为 20 000 元，增值税税额为 2 600 元，价款和税款以银行存款支付。编制相关会计分录。

5. 丙企业（一般纳税人）领用自产产品一批发放给员工作为福利，该产品的账面成本 20 000 元，市场价格 30 000 元，适用的增值税税率为 13%，消费税税率为 10%。编制相关会计分录。

6. 甲企业从国外进口一批需要缴纳消费税的商品，商品价值 200 万元（不含增值税），增值税税率 13%，进口环节需要缴纳的消费税为 40 万元。采购的商品已经验收入库，货款和税款已经用银行存款支付。编制相关会计分录。

7. 甲企业本期实际应交增值税 20 000 元，城市维护建设税税率为 7%、教育费附加税税率为 3%。编制相关会计分录。

8. 按税法规定本期应缴纳房产税 90 000 元，车船税 5 000 元，城镇土地使用税 7 000 元。编制相关会计分录。

9. 甲企业对外转让一栋厂房，根据税法规定计算的应交土地增值税为 7 000 元。编制相关会计分录。

10. 甲企业本期对外销售资源税应税矿产品 1 000 吨，将自产资源税应税矿产品 800 吨用于其产品生产，税法规定每吨矿产品应交资源税 5.00 元。编制相关会计分录。

11. 甲企业发生印花税 5 000 元。编制相关会计分录。

任务五 非流动负债

【会计分录点睛】

1. 取得长期借款

借：银行存款

　　长期借款——利息调整　　　　　　（差额）

　　贷：长期借款——本金

2. 计提长期借款利息

借：在建工程

　　制造费用

　　财务费用

　　研发支出等

　　贷：应付利息（分期付息）/ 长期借款——应计利息　（到期付息）

　　　　长期借款——利息调整

3. 归还长期借款本金

借：财务费用

　　应付利息 / 长期借款——应计利息　　（已计提未支付的利息）

　　长期借款——本金

　　贷：银行存款

4. 长期应付款

借：固定资产等　　（分期付款额的现值 + 直接相关费用）

　　未确认融资费用　　（差额）

　　贷：长期应付款　　（分期付款额）

　　　　银行存款等　　（支付的直接相关费用）

【经典业务详解】

1. 陶然公司为增值税一般纳税人，于 20×0 年 11 月 30 日从银行借入资金 300 万元，借款期限为 3 年，年利率 4.8%（到期一次还本付息，不计复利）。所借款项已存入银行。陶然公司用该借款于当日购买不需安装的设备一台，价款 200 万元，增值税税额为 26 万元，另支付保险等费用 10 万元，设备已于当日投入使用。

< 解析 >

（1）取得借款时

借：银行存款　　3 000 000

　　贷：长期借款——本金　　3 000 000

（2）支付设备款及保险费用时

借：固定资产　　2 100 000

　　应交税费——应交增值税（进项税额）　　260 000

　　贷：银行存款　　2 360 000

2. （1）承前例，陶然公司于20×0年12月31日计提长期借款利息。

< 解析 >

20×0年12月31日计提的长期借款利息 =3 000 000×4.8%÷12=12 000（元）

借：财务费用　　12 000

　　贷：长期借款——应计利息　　12 000

（2）陶然公司于2023年11月30日，偿还该笔银行借款本息。

< 解析 >

借：财务费用　　12 000

　　长期借款——本金　　3 000 000

　　长期借款——应计利息　　420 000

　　贷：银行存款　　3 432 000

3. 20×0年1月1日，陶然公司购买一台设备，合同约定，设备总价款100万元，分三年支付，20×0年1月1日支付20万元，20×1年1月1日支付50万元，20×2年1月1日支付30万元。假定市场利率为10%，计算陶然公司该设备的入账价值。

< 解析 >

固定资产入账价值 $=200\ 000+500\ 000\div(1+10\%)+30\div(1+10\%)^2=902\ 400$（元）

借：固定资产　　902 400

　　未确认融资费用　　97 600

　　贷：长期应付款　　800 000

　　　　银行存款　　200 000

【经济业务集锦】

甲公司于20×0年初购入一台生产用设备，总价款为1 000万元，分三次付款，20×0年末支付400万元，20×1年末支付300万元，20×2年末支付300万元。不考虑增值税。假定资本市场利率为10% [（P/F，10%，1）=0.9091，（P/F，10%，2）=0.8264，（P/F，10%，3）=0.7513]，无其他相关税费。编制相关会计分录。

项目十一　所有者权益业务

任务一　实收资本或股本

【会计分录点睛】

1. 接受现金资产投资

（1）股份有限公司以外的企业接受现金资产投资

借：银行存款等

　　贷：实收资本（投资合同或协议约定的投资者在企业注册资本中所占份额的部分）

　　　　资本公积——资本溢价（实际收到或存入开户银行的金额与实收资本之间的差额）

（2）股份有限公司接受现金资产投资

借：银行存款等

　　贷：股本　　　　　　　　（按每股股票面值和发行股份总数的乘积计算的金额）

　　　　资本公积——股本溢价　　　　　　（实际收到的金额与股本之间的差额）

（3）股份有限公司发行费用的处理

属于溢价发行的，发行费用从溢价收入中扣除，冲减资本公积——股本溢价。

溢价金额不足冲减的，或者属于按面值发行无溢价的，依次冲减盈余公积和未分配利润，即按照分录中①②③的顺序冲减。

借：资本公积——股本溢价 ①

　　盈余公积 ②

　　利润分配——未分配利润 ③

　　贷：银行存款

2．接受非现金资产投资

借: 原材料/库存商品/固定资产/无形资产等(合同或协议约定的价值,不公允的除外)

　　应交税费——应交增值税（进项税额）

　　贷：实收资本（或股本）

　　　　资本公积——资本溢价（或股本溢价）

3．实收资本（或股本）的增减变动

（1）实收资本（或股本）的增加

接受投资者追加投资

借：银行存款等

　　贷：实收资本（或股本）等

资本公积转增资本

借：资本公积——资本溢价（或股本溢价）

　　贷：实收资本（或股本）

盈余公积转增资本

借：盈余公积

　　贷：实收资本（或股本）

（2）实收资本（或股本）的减少

股份有限公司采用回购本公司股票方式减资

回购公司股票时

借：库存股

　　贷：银行存款

注销库存股时

①回购价大于股票面值总额（溢价回购）时

借：股本

　　资本公积——股本溢价

　　盈余公积

　　利润分配——未分配利润

　　贷：库存股

②回购价小于股票面值总额（折价回购）时

借：股本

　　贷：库存股

　　　　资本公积——股本溢价

有限责任公司和小企业按法定程序报经批准减少注册资本

借：实收资本

　　资本公积等

　　贷：银行存款 / 库存现金等

【经典业务详解】

1. 光明公司、前途公司、创维公司共同投资设立A有限责任公司，注册资本为2 000 000元，光明公司、前途公司、创维公司持股比例分别为60%、25%和15%。按照章程规定，光明公司、前途公司、创维公司投入资本分别为1 200 000元、500 000元和300 000元。A有限责任公司已如期收到各投资者一次缴足的款项。编制A有限责任公司会计分录。

< 解析 >

借：银行存款　　　　2 000 000

　　贷：实收资本——光明公司　　　　1 200 000

　　　　实收资本——前途公司　　　　500 000

　　　　实收资本——创维公司　　　　300 000

2. 前途股份有限公司发行普通股10 000 000股，每股面值1.00元，每股发行价格5.00元。假定股票发行成功，股款50 000 000元已全部收到，不考虑发行过程中的税费等因素。根据上述资料，编制前途股份有限公司会计分录。

< 解析 >

应记入“资本公积”科目的金额=50 000 000−10 000 000×1 =40 000 000（元）

借：银行存款　　　　50 000 000

　　贷：股本　　　　10 000 000

　　　　资本公积——股本溢价　　　　40 000 000

3. 前途公司对外公开发行普通股2 000万股，每股面值为1.00元，每股发行价格为3.00元，发行手续费600 000元从发行收入中扣除，发行所得款项存入银行。不考虑其他因素，写出该笔业务会计分录。

< 解析 >

借：银行存款　　　　59 400 000

　　贷：股本　　　　20 000 000

　　　　资本公积　　　　39 400 000

4. 光明公司于设立时收到前途公司作为资本投入的不需要安装的机器设备一台，合同约定该机器设备的价值为2 000 000元，增值税进项税额为260 000元（由投资方支付税款，并提供或开具增值税专用发票）。经约定，光明公司接受前途公司的投入资本为2 260 000元，全部作为实收资本。合同约定的固定资产价值与公允价值相符，不考虑其他因素，编制光明公司会计分录。

<解析>

借：固定资产　　2 000 000

　应交税费——应交增值税（进项税额）　　260 000

　贷：实收资本——前途公司　　2 260 000

5. 前途公司于设立时收到B公司作为资本投入的原材料一批，该批原材料投资合同或协议约定价值（不含可抵扣的增值税进项税额部分）为100 000元，增值税进项税额为13 000元（由投资方支付税款，并提供或开具增值税专用发票）。合同约定的价值与公允价值相符，不考虑其他因素。前途公司对原材料按实际成本进行日常核算。

<解析>

前途公司应编制如下会计分录：

借：原材料　　100 000

　应交税费——应交增值税（进项税额）　　13 000

　贷：实收资本——B公司　　113 000

6. 张三、李晓、王维三人共同投资设立了A有限责任公司，原注册资本为4 000 000元，张三、李晓、王维分别出资500 000元、2 000 000元和1 500 000元。为扩大经营规模，经批准A有限责任公司注册资本扩大为5 000 000元，张三、李晓、王维按照原出资比例分别追加投资125 000元、500 000元和375 000元。A有限责任公司如期收到张三、李晓、王维追加的现金投资。

<解析>

A有限责任公司应编制如下会计分录：

借：银行存款　　1 000 000

　贷：实收资本——张三　　125 000

　　实收资本——李晓　　500 000

　　实收资本——王维　　375 000

7. 承上题，因扩大经营规模需要，经批准，A有限责任公司按原出资比例将盈余公积1 000 000元转增资本。编制A有限责任公司会计分录。

<解析>

借：盈余公积　　1 000 000

　贷：实收资本——张三　　125 000

　　实收资本——李晓　　500 000

　　实收资本——王维　　375 000

8. 光明上市公司20××年12月31日的股本为100 000 000元（每股面值为1.00元），

资本公积（股本溢价）为 30 000 000 元，盈余公积为 40 000 000 元。经股东大会批准，光明上市公司以现金回购方式回购本公司股票 20 000 000 股并注销。假定光明上市公司按每股 2.00 元回购股票。不考虑其他因素，编制会计分录。

< 解析 >

光明上市公司应编制如下会计分录：

（1）回购本公司股份时

库存股成本 =20 000 000 × 2=40 000 000（元）

借：库存股　　40 000 000

　　贷：银行存款　　40 000 000

（2）注销本公司股份时

应冲减的资本公积 =20 000 000 × 2−20 000 000 × 1 =20 000 000（元）

借：股本　　20 000 000

　　资本公积——股本溢价　　20 000 000

　　贷：库存股　　40 000 000

9. 承上题，假定光明上市公司按每股 3.00 元回购股票，其他条件不变。

< 解析 >

光明上市公司应编制如下会计分录：

（1）回购本公司股份时

库存股成本 =20 000 000 × 3=60 000 000（元）

借：库存股　　60 000 000

　　贷：银行存款　　60 000 000

（2）注销本公司股份时

除股本外应冲减金额 =20 000 000 × 3−20 000 000 × 1 =40 000 000（元）

其中应冲减股本溢价 30 000 000 元，盈余公积 10 000 000 元。

借：股本　　20 000 000

　　资本公积——股本溢价　　30 000 000

　　盈余公积　　10 000 000

　　贷：库存股　　60 000 000

10. 承第 8 题，假定光明上市公司按每股 0.90 元回购股票，其他条件不变。

< 解析 >

光明上市公司应编制如下会计分录：

（1）回购本公司股份时

库存股成本 =20 000 000 × 0.9=18 000 000（元）

借：库存股　　　　　　　　　　　　18 000 000

　　贷：银行存款　　　　　　　　　　　　18 000 000

（2）注销本公司股份时

应增加的资本公积 =20 000 000 × 1−20 000 000 × 0.9=2 000 000（元）

借：股本　　　　　　　　　　　　20 000 000

　　贷：库存股　　　　　　　　　　　　18 000 000

　　　　资本公积——股本溢价　　　　　　　　2 000 000

【经济业务集锦】

1. 甲、乙、丙共同投资设立 A 有限责任公司，注册资本为 100 万元，甲、乙、丙持股比例分别为 20%，35% 和 45%。A 公司已如期收到各投资者一次缴足的款项。投资人出资金额等于份额，写出相关会计分录。

2. 某股份有限公司首次公开发行普通股 6 000 万股，每股价值 1.00 元，每股发行价格 3.00 元，发生手续费、佣金等 500 万元，写出发行股票的会计分录。

3. 丙有限责任公司于设立时收到 A 公司作为资本投入的非专利技术一项，该非专利技术投资合同约定价值为 60 000 元，增值税进项税额为 3 600 元（由投资方支付税款，并提供或开具增值税专用发票）；同时收到 B 公司作为资本投入的土地使用权一项，投资合同约定价值为 80 000 元，增值税进项税额为 7 200 元（由投资方支付税款，并提供或开具增值税专用发票）。合同约定的资产价值与公允价值相符，不考虑其他因素，编制丙有限责任公司相关会计分录。

4. 甲有限责任公司（简称甲公司）为增值税一般纳税人，收到乙投资方作为资本投入的一台不需要安装的设备，合同约定的设备价值为 1 000 000 元，增值税为 130 000 元（由乙投资方支付税款并开具增值税专用发票）。根据投资合同，乙投资方在甲公司注册资本中所占份额为 1 130 000 元。设备的合同约定价值与其公允价值一致。不考虑其他因素，编制甲公司接受投资的会计分录。

5. 甲有限责任公司为增值税一般纳税人，收到乙公司作为资本投入的原材料一批，合同约定该批材 料不含增值税的价值为 100 万元，增值税税额 13 万元（由乙公司支付），甲公司已取得增值税专用发票。该批材料合同约定的价值与公允价值相符，乙公司享有甲公司注册资本的份额为 80 万元。不考虑其他因素，写出甲公司接受乙公司投资的相关会计分录。

6. 某上市公司 20× × 年 12 月 31 日的股本为 1 000 万元（股数 1 000 万股，每股面值 1.00 元），资本公积（股本溢价）为 20 万元，回购本公司股票 100 万股并注销，每股回购价为 0.80 元。写出公司回购并注销股票的会计分录。

任务二 资本公积

【会计分录点睛】

1. 资本溢价（或股本溢价）的核算

（1）资本溢价

借：银行存款

  贷：实收资本

    资本公积——资本溢价

（2）股本溢价

借：银行存款

  贷：股本

    资本公积——股本溢价

2. 其他资本公积的核算

（1）采用权益法核算的长期股权投资

借：长期股权投资——其他权益变动

  贷：资本公积——其他资本公积

（2）以权益结算的股份支付

换取职工或其他方提供服务的

借：管理费用

  贷：资本公积——其他资本公积

在职工或其他方行权日

借：资本公积——其他资本公积

  贷：实收资本 / 股本

    资本公积——资本溢价 / 资本公积——股本溢价

3. 资本公积转增资本的核算

借：资本公积——资本溢价 / 资本公积——股本溢价

  贷：实收资本 / 股本

【经典业务详解】

1. 光明有限责任公司由两位投资者投资 200 000 元设立，每人各出资 100 000 元。一年后，为扩大经营规模，经批准，光明有限责任公司注册资本增加到 300 000 元，并引入第三位投资者加入。按照投资协议，新投资者需缴入现金 110 000 元，同时享有该公司 1/3 的股份。光明有限责任公司已收到该现金投资。不考虑其他因素，编制光明有限责任公司会计分录。

< 解析 >

借：银行存款　　110 000

　贷：实收资本　　100 000

　　资本公积——资本溢价　　10 000

2. 前途股份有限公司首次公开发行了普通股 50 000 000 股，每股面值 1.00 元，每股发行价格为 4.00 元。前途股份有限公司与证券公司约定，按发行收入的 3% 收取佣金，从发行收入中扣除。假定收到的股款已存入银行。编制前途股份有限公司会计分录。

< 解析 >

公司收到证券公司转来的发行收入 =50 000 000 × 4 ×（1−3%）=194 000 000（元）

应计入“资本公积”科目的金额 = 溢价收入 − 发行佣金 =50 000 000 ×（4−1）− 50 000 000 × 4 × 3%=144 000 000（元）

借：银行存款　　194 000 000

　贷：股本　　50 000 000

　　资本公积——股本溢价　　144 000 000

3. 创维有限责任公司于 20× × 年 1 月 1 日向 F 公司投资 8 000 000 元，拥有该公司 20% 的股份，并对该公司有重大影响，因而对 F 公司长期股权投资采用权益法核算。20× × 年 12 月 31 日，F 公司除净损益、其他综合收益和利润分配之外的所有者权益增加了 1 000 000 元。假定除此以外，F 公司的所有者权益没有变化，前途有限责任公司的持股比例没有变化，F 公司资产的账面价值与公允价值一致，不考虑其他因素，编制前途有限责任公司会计分录。

< 解析 >

前途有限责任公司对 F 公司投资增加的资本公积 =1 000 000 × 20%=200 000（元）

借：长期股权投资——F 公司——其他权益变动 200 000

　贷：资本公积——其他资本公积　　200 000

【经济业务集锦】

1. 某公司由甲、乙投资者分别出资 100 万元设立。为扩大经营规模，该公司的注册资本由 200 万元增加到 250 万元，丙企业以现金出资 100 万元享有公司 20% 的注册资本，不考虑其他因素，该公司接受丙企业出资，写出相关会计分录。

2. 某股份有限公司首次公开发行普通股 500 万股，每股面值 1.00 元，发行价格 6.00 元，相关手续费和佣金共计 95 万元（不考虑增值税）。不考虑其他因素，写出相关会计分录。

任务三 留存收益

【会计分录点睛】

1．盈余公积的账务处理

（1）提取盈余公积

借：利润分配——提取法定盈余公积 / 提取任意盈余公积

　　贷：盈余公积——法定盈余公积 / 任意盈余公积

（2）盈余公积弥补亏损

借：盈余公积

　　贷：利润分配——盈余公积补亏

（3）盈余公积转增资本

借：盈余公积

　　贷：实收资本（或股本）

（4）用盈余公积发放现金股利或利润

借：盈余公积

　　贷：应付股利

2．未分配利润的账务处理

（1）结转当期实现的净利润

借：本年利润

　　贷：利润分配——未分配利润

（2）结转当期发生的净亏损

借：利润分配——未分配利润

　　贷：本年利润

（3）提取盈余公积（只有在当期实现净利润时才涉及）

借：利润分配——提取法定盈余公积 / 提取任意盈余公积

　　贷：盈余公积——法定盈余公积 / 任意盈余公积

同时

借：利润分配——未分配利润

　　贷：利润分配——提取法定盈余公积 / 提取任意盈余公积

（4）宣告分配现金股利或利润（当期未实现净利润也可以进行，即分配以前年度累积的利润）

借：利润分配——应付现金股利或利润

　　贷：应付股利

同时

借：利润分配——未分配利润

　　贷：利润分配——应付现金股利或利润

（5）实际支付股票股利（宣告分配股票股利时不作账务处理）

借：利润分配——转作股本的股利

　　贷：股本

同时

借：利润分配——未分配利润

　　贷：利润分配——转作股本的股利

（6）盈余公积补亏

借：盈余公积

　　贷：利润分配——盈余公积补亏

同时

借：利润分配——盈余公积补亏

　　贷：利润分配——未分配利润

【经典业务详解】

1. 前途股份有限公司本年实现净利润为 5 000 000 元，年初未分配利润为 0。编制前途公司会计分录。

< 解析 >

本年提取法定盈余公积金额 =5 000 000×10%=500 000（元）

借：利润分配——提取法定盈余公积　　　　500 000

　　贷：盈余公积——法定盈余公积　　　　　　500 000

2. 经股东大会批准，创维股份有限公司用以前年度提取的盈余公积弥补当年亏损，当年弥补亏损的金额为 600 000 元。假定不考虑其他因素，编制创维股份有限公司会计分录。

< 解析 >

借：盈余公积　　　　600 000

　　贷：利润分配——盈余公积补亏　　　　600 000

3. 因扩大经营规模需要，经股东大会批准，绿洲股份有限公司将盈余公积 400 000 元转增股本。假定不考虑其他因素。编制绿洲股份有限公司会计分录。

<解析>

借：盈余公积　　400 000

　　贷：股本　　400 000

【经济业务集锦】

1. 经股东大会批准，某公司以法定盈余公积弥补当年亏损 80 000 元。不考虑其他因素，编制该公司弥补亏损的会计分录。

2. 戊股份有限公司 20×0 年 12 月 31 日股本为 50 000 000 元（每股面值 1.00 元），可供投资者分配的利润为 6 000 000 元，盈余公积为 20 000 000 元。20×1 年 3 月 20 日，股东大会批准了 20×0 年度利润分配方案，按每 10 股 2.00 元发放现金股利。戊公司共需要分派 10 000 000 元现金股利，其中动用可供投资者分配的利润 6 000 000 元，盈余公积 4 000 000 元。不考虑其他因素，编制戊股份有限公司相关会计分录。

3. 甲股份有限公司年初未分配利润为 1 000 000 元，本年实现净利润 2 000 000 元，本年提取法定盈余公积 200 000 元，宣告发放现金股利 800 000 元。不考虑其他因素，编制甲股份有限公司相关会计分录。

项目十二 收入、费用、利润业务

任务一 收入

【会计分录点睛】

1. 现金结算方式销售业务

（1）确认收入时

借：库存现金 / 银行存款　　　　　　（实际收到的款项）

　　贷：主营业务收入

　　　　应交税费——应交增值税（销项税额）

（2）结转销售成本时

借：主营业务成本

　　存货跌价准备　　　　　　（已销售商品所对应的部分）

　　贷：库存商品

2. 赊销、委托收款方式销售业务

（1）确认销售收入时

借：应收账款——××公司

　　贷：主营业务收入

　　　　应交税费——应交增值税　　　　　　（销项税额）

　　　　银行存款　　　　　　（代垫的运费）

（2）结转销售成本时

借：主营业务成本

存货跌价准备

贷：库存商品

（3）实际收到款项时

借：银行存款

贷：应收账款——××公司

3. 商业汇票结算方式销售业务

（1）确认销售收入时

借：应收票据

贷：主营业务收入

应交税费——应交增值税（销项税额）

（2）结转销售成本时

借：主营业务成本

存货跌价准备

贷：库存商品

（3）实际收到款项时

借：银行存款

贷：应收票据

4. 发出商品业务

（1）转让商品的对价未达到“很可能收回”收入确认条件时

借：发出商品

贷：库存商品

（2）支付手续费方式的委托代销商品

发出商品时

借：发出商品

贷：库存商品

收到代销清单时

借：应收账款——××企业

贷：主营业务收入

应交税费——应交增值税（销项税额）

结转成本时

借：主营业务成本

贷：发出商品

手续费

借：销售费用——手续费

　　应交税费——应交增值税（进项税额）

　　贷：应收账款——××企业

收到货款时

借：银行存款

　　贷：应收账款——××企业

5. 材料销售业务

（1）确认收入时

借：银行存款

　　贷：其他业务收入

　　　　应交税费——应交增值税（销项税额）

（2）结转成本时

借：其他业务成本

　　贷：原材料

6. 销售退回业务

（1）未确认收入的已发出商品发生退回

借：库存商品

　　贷：发出商品

（2）已确认收入的售出商品发生退回

直接冲减退回当月的收入

借：主营业务收入

　　应交税费——应交增值税（销项税额）

　　贷：银行存款/应收账款——××企业

冲减成本

借：库存商品

　　贷：主营业务成本

7. 存在销售折让的业务

借：主营业务收入　　　　　　（发生的销售折让金额）

　　应交税费——应交增值税（销项税额）

　　贷：银行存款/应收账款——××企业

8．存在商业折扣

（1）确认收入时

借：应收账款——××公司　（折扣后的金额）

　　贷：主营业务收入　（折扣后的金额）

　　　　应交税费——应交增值税（销项税额）　（折扣后的金额）

（2）结转成本时

借：主营业务成本

　　贷：库存商品

（3）实际收到款项时

借：银行存款　（折扣后的金额）

　　贷：应收账款——××公司　（折扣后的金额）

9．存在现金折扣

（1）确认收入时

借：应收账款——××公司　（折扣前的金额）

　　贷：主营业务收入　（折扣前的金额）

　　　　应交税费——应交增值税（销项税额）　（折扣前的金额）

（2）结转成本时

借：主营业务成本

　　贷：库存商品

（3）实际收到款项时

借：银行存款　（实际收到的款项）

　　财务费用——现金折扣　（对方实际享有的折扣额）

　　贷：应收账款——××公司

10. 在某一时段内履行的履约义务的收入确认

本期确认收入 = 合同的交易价格总额 × 履约进度 – 以前期间已确认收入

（1）合同取得成本

支付相关费用时

借：合同取得成本

　　贷：银行存款等

确认收入时

借：应收账款等

　　贷：主营业务收入

　　　　应交税费——应交增值税（销项税额）

摊销合同取得成本时

借：销售费用

　　贷：合同取得成本

（2）合同履约成本

发生相关成本时

借：合同履约成本

　　贷：银行存款 / 应付职工薪酬 / 累计折旧等

确认收入时

借：银行存款等

　　贷：主营业务收入

　　　　应交税费——应交增值税（销项税额）

摊销合同履约成本时

借：主营业务成本

　　贷：合同履约成本

（3）合同负债

预收款项时

借：银行存款

　　贷：合同负债

　　　　应交税费——待转销项税额

按期确认收入

借：合同负债

　　应交税费——待转销项税额

　　贷：主营业务收入

　　　　应交税费——应交增值税（销项税额）

【经典业务详解】

1．20××年11月3日，日暮公司向江流公司销售一批商品，开具的增值税专用发票上注明售价为1 000 000元，增值税税额为130 000元。当日日暮公司收到江流公司支付的款项存入银行。该批商品的实际成本为900 000元。江流公司收到商品并验收入库。

<解析>

对日暮公司来说，该项业务为单项履约义务且属于在某一时点履行的履约义务，其账务处理如下：

（1）确认收入时

借：银行存款　　　　　　　　　　　　1 130 000

　　贷：主营业务收入　　　　　　　　　　　1 000 000

　　　　应交税费——应交增值税（销项税额）　130 000

（2）结转销售商品成本时

借：主营业务成本　　　　　　　　　　900 000

　　贷：库存商品　　　　　　　　　　　　900 000

2. 20×× 年 10 月 12 日，采撷公司向返景公司销售一批商品，开具的增值税专用发票上注明售价为 400 000 元，增值税税额为 52 000 元。采撷公司收到返景公司开出的不带息银行承兑汇票一张，票面金额为 452 000 元，期限为 2 个月。该批商品成本为 320 000 元。返景公司收到商品并验收入库。

<解析>

对采撷公司来说，该项业务为单项履约义务且属于在某一时点履行的履约义务，其账务处理如下：

（1）确认收入时

借：应收票据　　　　　　　　　　　　452 000

　　贷：主营业务收入　　　　　　　　　　　400 000

　　　　应交税费——应交增值税（销项税额）　52 000

（2）结转销售商品成本时

借：主营业务成本　　　　　　　　　　320 000

　　贷：库存商品　　　　　　　　　　　　320 000

3. 20×× 年 9 月 1 日，远影公司向江雪公司赊销一批商品，开具的增值税专用发票上注明售价为 20 000 元，增值税税额为 2 600 元，双方约定一个月内支付货款。当日江雪公司收到商品并验收入库。该批商品的实际成本为 15 000 元。9 月 30 日，远影公司收到江雪公司支付的货款 22 600 元并存入银行。

<解析>

对远影公司来说，该项业务为单项履约义务且属于在某一时点履行的履约义务，其账务处理如下：

（1）9 月 1 日确认收入时

借：应收账款——江雪公司　　　　　　22 600

　　贷：主营业务收入　　　　　　　　　　　20 000

　　　　应交税费——应交增值税（销项税额）　2 600

同时结转销售商品成本

借：主营业务成本　　15 000

　　贷：库存商品　　15 000

（2）9月30日收到货款时

借：银行存款　　22 600

　　贷：应收账款——江雪公司　　22 600

4. 20××年9月4日，翊尘公司与秋咏公司签订合同，向其销售甲、乙两种商品，甲商品的单独售价为8 000元，乙商品的单独售价为32 000元，合同价款为36 000元。合同约定，甲商品于合同开始日交付，乙商品在一个月之后交付，当两项商品全部交付之后，翊尘公司才有权收取36 000元的合同对价。上述价格均不包含增值税。甲、乙商品的实际成本分别为5 000元和25 000元。假定甲商品和乙商品分别构成单项履约义务，其控制权在交付时转移给客户。20××年10月4日，翊尘公司交付乙商品，开具的增值税专用发票上注明售价为36 000元，增值税税额为4 680元。20××年11月1日，翊尘公司收到秋咏公司支付的全部款项存入银行。

<解析>

对翊尘公司来说，将甲商品交付给客户之后，与该商品相关的履约义务已经履行，但需要等到后续交付乙商品时，才具有无条件收取合同对价的权利，因此，翊尘公司应当将因交付甲商品而有权收取的对价确认为合同资产。

翊尘公司先将交易价格36 000元分摊至甲、乙商品两项履约义务

分摊至甲商品的合同价款=8 000÷（8 000+32 000）×36 000=7 200（元）

分摊至乙商品的合同价款=32 000÷（8 000+32 000）×36 000=28 800（元）

其账务处理如下：

（1）9月4日交付甲商品时

借：合同资产　　7 200

　　贷：主营业务收入　　7 200

同时结转销售商品成本

借：主营业务成本　　5 000

　　贷：库存商品　　5 000

（2）10月4日交付乙商品时

借：应收账款——秋咏公司　　40 680

　　贷：合同资产　　7 200

　　　　主营业务收入　　28 800

　　　　应交税费——应交增值税（销项税额）　　4 680

（3）11 月 1 日收到款项时

借：银行存款　　　　　　　　　　　　40 680

　　贷：应收账款——秋咏公司　　　　　　　　40 680

5. 20×× 年 9 月 21 日，获秋公司向霓裳公司销售一批商品，开出的增值税专用发票上注明的销售价款为 40 000 元，增值税税额为 5 200 元，款项尚未收到。该批商品成本为 30 000 元。获秋公司在销售时已知霓裳公司资金周转发生困难，但为了减少存货积压，同时也为了维持与霓裳公司长期建立的商业合作关系，获秋公司仍将商品发往霓裳公司且办妥托收手续。假定获秋公司发出该批商品时其增值税纳税义务尚未发生。

<解析>

对获秋公司来说，由于客户霓裳公司资金周转存在困难，因而获秋公司在货款回收方面存在较大的不确定性，与该批商品所有权有关的风险和报酬没有转移给霓裳公司。根据在某一时点履行的履约义务的收入确认条件，获秋公司在发出商品且办妥托收手续时不能确认收入，其账务处理如下：

借：发出商品　　　　　　　　　　　　30 000

　　贷：库存商品　　　　　　　　　　　　　30 000

6. 间关公司与幽泉公司均为增值税一般纳税人。20×× 年 11 月 1 日，间关公司与幽泉公司签订委托代销合同，间关公司委托幽泉公司销售甲商品 3 000 件，商品当日发出，每件成本为 60 元。合同约定幽泉公司应按每件 100 元对外销售，间关公司按不含增值税的销售价格的 10% 向幽泉公司支付手续费。除非这些商品在幽泉公司存放期间内由于幽泉公司的责任发生毁损或丢失，否则在甲商品对外销售之前，幽泉公司没有义务向间关公司支付货款；幽泉公司不承担包销责任，没有售出的甲商品须退回给间关公司，同时，间关公司也有权要求收回甲商品或将其销售给其他的客户。20×× 年 11 月幽泉公司实际对外销售 2 000 件，开出的增值税专用发票上注明的售价为 200 000 元，增值税税额为 26 000 元。20×× 年 11 月 30 日，间关公司收到幽泉公司开具的代销清单和代销手续费增值税专用发票（增值税税率为 6%），以及扣除代销手续费后的货款，间关公司开具相应的增值税专用发票。

<解析>

对间关公司来说，将甲商品发送至幽泉公司后，幽泉公司虽然已经承担甲商品的实物保管责任，但仅为接受委托销售甲商品，并根据实际销售的数量赚取一定比例的手续费。间关公司有权要求收回甲商品或将其销售给其他的客户，幽泉公司并不能主导这些商品的销售，这些商品对外销售与否、是否获利以及获利多少等不由幽泉公司控制，幽泉公司没有取得这些商品的控制权。因此，间关公司将甲商品发送至幽泉公司时不应确认收入，而

应当在幽泉公司将甲商品销售给最终客户时确认收入。间关公司的账务处理如下：

（1）20×× 年 11 月 1 日发出商品时

借：发出商品　　180 000

　　贷：库存商品　　180 000

（2）11 月 30 日收到代销清单、代销手续费发票时

借：应收账款——幽泉公司　　226 000

　　贷：主营业务收入　　200 000

　　　　应交税费——应交增值税（销项税额）　　26 000

同时结转销售商品成本

借：主营业务成本　　120 000

　　贷：发出商品　　120 000

（3）应向幽泉公司支付的手续费 =200 000×10%=20 000（元）

借：销售费用——代销手续费　　20 000

　　应交税费——应交增值税（进项税额）　　1 200

　　贷：应收账款——幽泉公司　　21 200

（4）11 月 30 日收到幽泉公司支付的货款时

应收到货款 =226 000−21 200=204 800（元）

借：银行存款　　204 800

　　贷：应收账款——幽泉公司　　204 800

对幽泉公司来说，甲商品应按受托代销商品核算，幽泉公司的账务处理如下：

（1）11 月 1 日收到商品

借：受托代销商品　　300 000

　　贷：受托代销商品款——间关公司　　300 000

（2）11 月对外销售时

借：银行存款　　226 000

　　贷：受托代销商品　　200 000

　　　　应交税费——应交增值税（销项税额）　　26 000

（3）11 月 30 日收到间关公司开具的增值税专用发票

借：受托代销商品款——间关公司　　200 000

　　应交税费——应交增值税（进项税额）　　26 000

　　贷：应付账款——间关公司　　226 000

（4）11 月 30 日支付货款并计算代销手续费

借：应付账款——间关公司　　226 000

　　贷：银行存款　　204 800

　　　　其他业务收入——代销手续费　　20 000

　　　　应交税费——应交增值税（销项税额）　　1 200

7. 20×× 年 11 月 12 日，冰凝公司向秋心公司销售一批 A 材料，开具的增值税专用发票上注明售价为 10 000 元，增值税额为 1 300 元。冰凝公司收到秋心公司支付的款项并存入银行。秋心公司收到 A 材料并验收入库。该批原材料的实际成本为 7 500 元。

< 解析 >

对冰凝公司来说，已经收到秋心公司支付的货款秋心公司收到 A 材料并验收入库，该项业务为单项履约义务且属于在某一时点履行的履约义务。冰凝公司的账务处理如下：

（1）确认收入时

借：银行存款　　11 300

　　贷：其他业务收入　　10 000

　　　　应交税费——应交增值税（销项税额）　　1 300

（2）结转销售材料成本时

借：其他业务成本　　7 500

　　贷：原材料　　7 500

8. 20×× 年 9 月 20 日，客路公司向西陆公司销售一批商品，增值税专用发票上注明售价为 500 000 元，增值税税额为 65 000 元。西陆公司收到该批商品并验收入库。客路公司当日收到货款存入银行。该批商品成本为 350 000 元。该项业务属于在某一时点履行的履约义务并确认销售收入。20×× 年 10 月 20 日，该批部分商品出现严重质量问题，西陆公司将该批商品的 50% 退回给客路公司。客路公司同意退货，于退货当日支付退货款，并按规定向西陆公司开具了增值税专用发票（红字）。

< 解析 >

对客路公司来说，该业务属于销售退回业务，其账务处理如下：

（1）9 月 20 日，确认销售收入时

借：银行存款　　565 000

　　贷：主营业务收入　　500 000

　　　　应交税费——应交增值税（销项税额）　　65 000

同时结转销售商品成本

借：主营业务成本　　350 000

　　贷：库存商品　　300 000

（2）10 月 20 日商品的 50% 销售退回时

借：主营业务收入　　　　　　　　　　250 000

　　应交税费——应交增值税（销项税额）　32 500

　　贷：银行存款　　　　　　　　　　　　282 500

借：库存商品　　　　　　　　　　　　175 000

　　贷：主营业务成本　　　　　　　　　　175 000

9. 20×× 年 9 月 1 日，云霞公司向晴光公司销售一批商品，增值税专用发票上注明售价为 700 000 元，增值税税额为 91 000 元，款项尚未收到。该批商品成本为 580 000 元。20×× 年 9 月 20 日，晴光公司在验收过程中发现商品外观上存在瑕疵，但基本不影响使用，晴光公司要求云霞公司在价格上（不含增值税税额）给予 5% 的折让（假定云霞公司已确认收入）。云霞公司同意价格折让，并按规定向晴光公司开具了增值税专用发票（红字）。20×× 年 9 月 30 日，云霞公司收到晴光公司支付的货款并存入银行。

<解析>

对云霞公司来说，该业务属于销售折让，其账务处理如下：

（1）9 月 1 日确认收入时

借：应收账款——晴光公司　　　　　　791 000

　　贷：主营业务收入　　　　　　　　　　700 000

　　　　应交税费——应交增值税（销项税额）　91 000

同时结转销售商品成本

借：主营业务成本　　　　　　　　　　580 000

　　贷：库存商品　　　　　　　　　　　　580 000

（2）9 月 20 日发生销售折让时

折让金额 =700 000×5%=35 000（元）

借：主营业务收入　　　　　　　　　　35 000

　　应交税费——应交增值税（销项税额）　4 550

　　贷：应收账款——晴光公司　　　　　　39 550

（3）9 月 30 日收到货款时

收款金额 =791 000−39 550=751 450（元）

借：银行存款　　　　　　　　　　　　751 450

　　贷：应收账款——晴光公司　　　　　　751 450

10. 云梦公司为增值税一般纳税人，20×× 年 9 月 1 日，向涵虚公司销售 A 商品 5 000 件并开具增值税专用发票，每件商品的标价为 200 元（不含增值税），A 商品适用的增值税税率为 13%，每件商品的实际成本为 120 元。由于是成批销售，云梦公司给予涵虚公司 10% 的商业折扣，并在销售合同中规定现金折扣条件为 2/20，N/30，计算现金折扣时不考虑增值税。当日 A 商品发出，涵虚公司收到商品并验收入库。云梦公司基于对涵虚公司的了解，预计涵虚公司 20 天内付款的概率为 90%，20 天后付款的概率为 10%。20×× 年 9 月 18 日，收到涵虚公司支付的货款。

<解析>

对云梦公司来说，该项销售业务属于在某一时点履行的履约义务，商业折扣从应确认的销售商品收入中予以扣除；对于现金折扣按照最可能发生金额。其账务处理如下：

云梦公司应确认的销售商品收入的金额 =200×（1−10%）×5 000×（1−2%）=882 000（元）

销项税额 =200×（1−10%）×5 000×13%=117 000（元）

（1）20×× 年 9 月 1 日确认收入时

借：应收账款——涵虚公司　　999 000

　　贷：主营业务收入　　882 000

　　　　应交税费——应交增值税（销项税额）　　117 000

（2）结转销售成本时

借：主营业务成本　　600 000

　　贷：库存商品　　600 000

（3）9 月 18 日收到货款时

借：银行存款　　999 000

　　贷：应收账款——涵虚公司　　999 000

11. 微霜公司是一家咨询公司，为增值税一般纳税人，对外提供咨询服务，适用的增值税税率为 6%。20×× 年 1 月 1 日，微霜公司通过竞标赢得一个服务期为 5 年的客户，该客户每年年末支付含税咨询费 1 908 000 元。为取得与该客户的合同，微霜公司聘请外部律师进行尽职调查，并支付相关费用 15 000 元，为参与投标而发生的差旅费 10 000 元，支付销售人员佣金 60 000 元。微霜公司预计这些支出未来均能够收回。此外，微霜公司根据其年度销售目标、整体盈利情况及个人业绩等统计结果，向销售部门经理发放年度奖金 10 000 元。

<解析>

对微霜公司来说，因签订合同而向销售人员支付的佣金属于为取得合同发生的增量成本，应当将其作为合同取得成本确认为一项资产，微霜公司聘请外部律师进行尽职调查发生的支出、为参与投标发生的差旅费以及向销售部门经理发放的年度奖金因不能直接归属于可识别的合同，不属于增量成本，应当于发生时直接计入当期损益。其账务处理如下：

（1）支付与取得合同相关的费用

借：合同取得成本　60 000

　　管理费用　25 000

　　贷：银行存款　85 000

（2）每月确认服务收入时摊销合同取得成本

每月服务收入 =[1 908 000 ÷（1+6%）] ÷ 12=150 000（元）

每月摊销合同取得成本 =60 000 ÷ 5 ÷ 12=1 000（元）

借：应收账款　159 000

　　贷：主营业务收入　150 000

　　　　应交税费——应交增值税（销项税额）　9 000

借：销售费用　1 000

　　贷：合同取得成本　1 000

（3）确认销售部门经理奖金时

借：销售费用　10 000

　　贷：应付职工薪酬　10 000

（4）发放销售部门经理奖金时

借：应付职工薪酬　10 000

　　贷：银行存款　10 000

12. 云峰公司为增值税一般纳税人，主要从事装修服务业务。装修服务适用增值税税率为 9%。20×× 年 12 月 1 日，云峰公司与冰簟公司签订一项为期 3 个月的装修合同，合同约定装修价款为 600 000 元，增值税税额为 54 000 元，装修费用每月月末按完工进度支付。20×× 年 12 月，云峰公司为完成该合同累计发生劳务成本 100 000 元（假定均为装修人员薪酬），预计还将发生劳务成本 400 000 元。截至当年 12 月 31 日，经专业测量师测量后，确定该项劳务的完工程度为 20%，冰簟公司按完工进度支付价款及相应的增值税款，云峰公司按照实际测量的完工进度确定履约进度。次年 1 月，云峰公司为完成该合同发生劳务成本 200 000 元（假定均为装修人员薪酬），为完成该合同估计还将发生劳务成本 200 000 元。1 月 31 日，经专业测量师测量后，确定该项劳务的完工程度为 60%，冰簟公司按完工进度支付价款，同时支付相应的增值税款。2 月，云峰公司为完成该合同发生劳务成本 200 000 元（假定均为装修人员薪酬）。2 月 28 日，装修完工，验收合格，冰簟公司按完工进度支付价款，同时支付相应的增值税款。

<解析>

（1）20×× 年 12 月实际发生劳务成本

借：合同履约成本　　100 000

　　贷：应付职工薪酬　　100 000

（2）20×× 年 12 月 31 日确认劳务收入时

应确认的劳务收入 =600 000×20%−0=120 000（元）

借：银行存款　　130 800

　　贷：主营业务收入　　120 000

　　　　应交税费——应交增值税（销项税额）　　10 800

（3）20×× 年 12 月 31 日结转劳务成本时

借：主营业务成本　　100 000

　　贷：合同履约成本　　100 000

（4）次年 1 月实际发生劳务成本时

借：合同履约成本　　200 000

　　贷：应付职工薪酬　　200 000

（5）次年 1 月 31 日确认劳务收入时

应确认的劳务收入 =600 000×60%−120 000=240 000（元）

借：银行存款　　261 600

　　贷：主营业务收入　　240 000

　　　　应交税费——应交增值税（销项税额）　　21 600

（6）次年 1 月 31 日结转劳务成本时

借：主营业务成本　　200 000

　　贷：合同履约成本　　200 000

（7）次年 2 月实际发生劳务成本时

借：合同履约成本　　200 000

　　贷：应付职工薪酬　　200 000

（8）次年 2 月 28 日确认劳务收入时

应确认的劳务收入 =600 000−120 000−240 000=240 000（元）

借：银行存款　　261 600

　　贷：主营业务收入　　240 000

　　　　应交税费——应交增值税（销项税额）　　21 600

（9）次年 2 月 28 日结转劳务成本时

借：主营业务成本　　　　　　　　　　200 000
　　贷：合同履约成本　　　　　　　　　　200 000

【经济业务集锦】

1. 20×× 年10月9日，甲公司根据与乙公司签订的合同，向乙公司销售A、B两种产品，开具的增值税专用发票注明价款 30 000 元，增值税 3 900 元。A、B 产品不含增值税的单独售价分别为 22 000 元和 11 000 元，成本分别为 15 000 元和 7 000 元。甲公司当日发出两种商品，货款暂未收到。编制相关会计分录。

2. 20×× 年 11 月 1 日，甲公司与客户乙公司签订合同，向其销售 A、B 两款商品，A 商品的单独售价为 6 000 元，B 商品的单独售价为 24 000 元，合同价款为 25 000 元，以上价款均不含增值税。增值税税率 13%。合同约定，A 商品于合同开始日交付，B 商品在一个月之后交付，只有当两款商品全部交付之后，甲公司才有权收取 25 000 元的合同对价。假定 A 商品和 B 商品分别构成单项履约义务，其控制权在交付时转移给客户，成本分别为 4 000 元和 16 000 元。12 月 5 日，甲公司收到全部款项并存入银行。编制相关会计分录。

3. 20×× 年 9 月 1 日，甲公司向乙公司销售商品一批，开出的增值税专用发票上注明售价为 100 万元，增值税税额为 13 万元，商品成本为 70 万元。乙公司已收到该商品，甲公司从银行存款中取出并代垫运杂费 10 万元。9 月 8 日，甲公司收到全部款项并存入银行。编制相关会计分录。

4. 20×× 年 9 月 14 日，甲公司采用委托收款结算的方式向乙公司销售一批商品，增值税专用发票上注明的价款为 500 万元，增值税税额为 65 万元。甲公司为客户代垫运输费 5 万元，当日办妥委托收款手续并且客户确认收到商品。该批商品成本为 400 万元，已计提存货跌价准备 30 万元。9 月 18 日，甲公司收到银行通知，款项已收到并入账。编制相关会计分录。

5. 甲公司经营一家酒店，为增值税一般纳税人，适用的增值税税率为 6%，该酒店是甲公司的自有资产。20×× 年 10 月，甲公司计提与酒店经营直接相关的酒店、客房以及客房内的设备家具等折旧费用 20 000 元，酒店土地使用权摊销费用 65 000 元。经计算，当月确认房费、餐饮等服务含税收入 318 000 元，全部存入银行。编制相关会计分录。

6. 碧天公司为增值税一般纳税人，经营一家健身俱乐部。20×× 年 9 月 1 日，某客户与碧天公司签订合同成为碧天公司的会员，并向碧天公司支付会员费 5 088 元，成为会员后可在未来的 12 个月内在该俱乐部健身，且没有次数限制。该业务适用的增值税税率为 6%。编制相关会计分录。

7. 甲公司 20×× 年 3 月 20 日销售 A 商品一批，增值税专用发票上注明售价为 300 000 元，增值税税额为 39 000 元。该批商品成本为 200 000 元，购货方于 3 月 27 日付款，甲公司对该项销售确认了销售收入。20×× 年 4 月 15 日，该商品出现严重质量问题，购货方将该批商品全部退回给甲公司，甲公司同意退货，于退货当日支付退货款，并按规定向购货方开具了增值税专用发票（红字）。

（1）编制 3 月 20 日确认销售收入的会计分录。

（2）编制 3 月 27 日收到货款的会计分录。

（3）编制 4 月 15 日销售退回的会计分录。

8. 甲公司为增值税一般纳税人，20×× 年 3 月 1 日销售 A 商品 10 000 件并开具增值税专用发票，每件商品的标价为 20 元（不含增值税），A 商品适用的增值税税率为 13%，每件商品的实际成本为 12 元。销售合同中规定现金折扣条件为（2/10，1/20，N/30）。A 商品于 3 月 1 日发出，购货方于 3 月 9 日付款。计算现金折扣时不考虑增值税。

（1）编制 3 月 1 日确认收入的会计分录。

（2）计算 3 月 9 日的收款额。

（3）编制 3 月 9 日收款的会计分录。

9. 甲公司 20×× 年 5 月 20 日销售 A 商品一批，增值税专用发票上注明售价为 350 000 元，增值税税额为 45 500 元，该批商品成本为 182 000 元。A 商品于 20×× 年 5 月 20 日发出，客户于 5 月 27 日付款。20×× 年 9 月 16 日，该商品质量出现严重问题，客户将该批商品全部退回给甲公司，甲公司同意退货，于退货当日支付退货款，并按规定向客户开具了增值税专用发票（红字）。

（1）编制 20×× 年 5 月 20 日确认收入时的会计分录。

（2）编制 20×× 年 5 月 27 日收到货款时的会计分录。

（3）编制 20×× 年 9 月 16 日销售退回时的会计分录。

10. 甲公司向乙公司销售一批原材料，开具的增值税专用发票上注明售价为 100 000 元，增值税税额为 13 000 元，甲公司收到乙公司支付的款项并存入银行。该批原材料的实际成本为 90 000 元，乙公司收到原材料并验收入库。

（1）编制甲公司确认收入的会计分录。

（2）编制甲公司结转成本的会计分录。

（3）编制乙公司收到材料的会计分录。

任务二 费用

【会计分录点睛】

1. 营业成本的核算

（1）结转主营业务成本

借：主营业务成本

　　存货跌价准备（如果有）

　　贷：库存商品 / 合同履约成本

2. 结转其他业务成本

借：其他业务成本

　　存货跌价准备（如果有）

　　贷：原材料 / 周转材料 / 累计折旧 / 累计摊销等

2. 合同取得成本核算

（1）发生合同取得成本时

借：合同取得成本

　　贷：银行存款 / 应付职工薪酬等

（2）对合同取得成本进行摊销时

借：销售费用

　　贷：合同取得成本

3. 合同履约成本核算

（1）企业发生合同履约成本时

借：合同履约成本

　　贷：银行存款 / 应付职工薪酬 / 原材料等

（2）对合同履约成本进行摊销时

借：主营业务成本 / 其他业务成本

　　贷：合同履约成本

4. 税金及附加的核算

（1）计算确定与经营活动相关的税金

借：税金及附加

　　贷：应交税费——应交消费税

　　　　应交税费——应交城市维护建设税

应交税费——应交教育费附加
应交税费——应交资源税
应交税费——应交土地增值税
应交税费——应交房产税
应交税费——应交环境保护税
应交税费——应交城镇土地使用税
应交税费——应交车船税

（2）实际缴纳时

借：应交税费——应交消费税
应交税费——应交城市维护建设税
应交税费——应交教育费附加
应交税费——应交资源税
应交税费——应交土地增值税
应交税费——应交房产税
应交税费——应交环境保护税
应交税费——应交城镇土地使用税
应交税费——应交车船税
贷：银行存款

（3）缴纳印花税

借：税金及附加
贷：银行存款

（4）期末结转到本年利润

借：本年利润
贷：税金及附加

5. 销售费用核算

（1）发生时

借：销售费用
应交税费——应交增值税（进项税额）
贷：库存现金 / 银行存款 / 应付职工薪酬 / 累计折旧 / 累计摊销等

（2）期末结转到本年利润

借：本年利润
贷：销售费用

6．管理费用核算

（1）发生时

借：管理费用

应交税费——应交增值税（进项税额）

贷：库存现金 / 银行存款 / 应付职工薪酬 / 累计折旧 / 累计摊销等

（2）期末结转到本年利润

借：本年利润

贷：管理费用

7．财务费用核算

（1）发生时

借：财务费用

应交税费——应交增值税（进项税额）

贷：库存现金 / 银行存款

（2）期末结转到本年利润

借：本年利润

贷：财务费用

【经典业务详解】

1．20××年9月，萧关公司相关税费的发生额如下：增值税的销项税额为300 000元，进项税额为250 000元，销售应税消费品的消费税为50 000元，城市维护建设税为7 000元，教育费附加为3 000元，当月月末均使用银行存款缴纳。

<解析>

（1）应交增值税 =300 000−250 000=50 000（元）

借：应交税费——应交增值税（已交税金）　　50 000

　贷：银行存款　　50 000

（2）其他税费

借：税金及附加　　60 000

　贷：应交税费——应交消费税　　50 000

　　　应交税费——应交城市维护建设税　　7 000

　　　应交税费——应交教育费附加　　3 000

借：应交税费——应交消费税　　50 000

　应交税费——应交城市维护建设税　　7 000

应交税费——应交教育费附加　　3 000

贷：银行存款　　60 000

2．20×× 年 11 月 31 日，鹭草公司销售应纳消费税的商品，价款 5 000 000 元，该商品适用的消费税税率为 20%。

< 解析 >

（1）计算确认应交消费税税额

消费税税额 =5 000 000×20%=1 000 000（元）

借：税金及附加　　1 000 000

贷：应交税费——应交消费税　　1 000 000

（2）实际缴纳消费税时

借：应交税费——应交消费税　　1 000 000

贷：银行存款　　1 000 000

3．20×× 年，长歌公司一处房产的原值为 400 000 元，房产税税率为 1.2%，当地规定的房产税扣除比例为 30%。

< 解析 >

（1）计算确认应交房产税税额

房产税税额 =400 000×（1−30%）×1.2%=3 360（元）

借：税金及附加　　3 360

贷：应交税费——应交房产税　　3 360

（2）实际缴纳房产税时

借：应交税费——应交房产税　　3 360

贷：银行存款　　3 360

4．20×× 年，赛寒公司应交印花税 8 000 元。

< 解析 >

借：税金及附加　　8 000

贷：银行存款　　8 000

5．20×× 年 12 月，楚天公司当月实际应交车船税 2 000 元，应交城镇土地使用税 5 000 元。

< 解析 >

（1）确认应交车船税和城镇土地使用税时

借：税金及附加　　7 000

贷：应交税费——应交车船税　　2 000

应交税费——应交城镇土地使用税　　5 000

（2）实际缴纳车船税和城镇土地使用税时

借：应交税费——应交车船税　　2 000

应交税费——应交城镇土地使用税　　5 000

贷：银行存款　　7 000

6．云海公司为增值税一般纳税人，20×× 年 10 月 9 日，为宣传新产品发生广告费，取得的增值税专用发票上注明的价款为 20 000 元，增值税税额为 1 200 元，价税款项用银行存款支付。

< 解析 >

借：销售费用——广告费　　20 000

应交税费——应交增值税（进项税额）　　1 200

贷：银行存款　　21 200

7. 20×× 年 10 月 31 日，秋月公司将“销售费用”科目余额 510 000 元结转至“本年利润”科目。

< 解析 >

借：本年利润　　510 000

贷：销售费用　　510 000

8．秋月公司为增值税一般纳税人，20×× 年 10 月 9 日，行政管理部门用银行存款支付接待客户的住宿费和餐费，取得的增值税专用发票上注明的住宿费为 6 000 元，增值税税额为 360 元；取得的增值税普通发票上注明的餐费为 5 000 元，增值税税额为 300 元。

< 解析 >

借：管理费用　　11 300

应交税费——应交增值税（进项税额）　　360

贷：银行存款　　11 660

9．20×× 年 10 月 1 日，琼轩公司向银行借入生产经营用短期借款 600 000 元，期限 3 个月，年利率 4%，该借款本金到期后一次归还，利息分月预提，按季支付。

< 解析 >

（1）10 月 31 日

利息 $=600\ 000\times4\%\div12=2\ 000$（元）

借：财务费用——利息支出　　2 000

贷：应付利息　　2 000

（2）11 月 30 日

借：财务费用——利息支出　　　　2 000

　　贷：应付利息　　　　2 000

（3）12 月 31 日

借：应付利息　　　　4 000

　　财务费用　　　　2 000

　　贷：银行存款　　　　6 000

【经济业务集锦】

1．20×× 年 10 月，某公司行政管理部发生费用 20 000 元，其中行政管理人员工资 16 000 元，报销行政管理人员差旅费 1 000 元（假定报销人员预借差旅费），其他办公费及水电费 3 000 元（均用银行存款支付）。不考虑增值税。编制相关会计分录。

2．20×× 年 9 月，某公司计提行政管理部固定资产折旧 40 000 元，摊销公司行政管理部门无形资产成本 8 000 元。编制相关会计分录。

3．20×× 年 9 月 30 日，金樽公司收到开户银行转来的活期存款利息清单，收到存款利息 3 000 元。编制相关会计分录。

4．20×× 年 10 月 31 日，燕尾公司将“管理费用”科目余额 435 000 元结转至“本年利润”科目。编制相关会计分录。

5．20×× 年 12 月 31 日，甲公司将“财务费用”科目余额 45 000 元结转至“本年利润”科目。编制相关会计分录。

6．20×× 年 10 月，响溪公司实际缴纳增值税 50 000 元，消费税 10 000 元，适用的城市维护建设税税率为 7%，教育费附加征收比率为 3%。编制相关会计分录。

7．边邑公司为增值税一般纳税人，20×× 年 10 月 10 日销售一批产品，取得的增值税专用发票上注明的运输费为 6 000 元，增值税税额为 540 元；取得的增值税普通发票上注明的装卸费价税合计为 3 000 元，款项均用银行存款支付。编制相关会计分录。

8．玉阶公司为增值税一般纳税人，20×× 年 9 月 15 日用银行存款支付所销产品保险费合计 42 400 元，取得的增值税专用发票上注明的保险费为 40 000 元，增值税税额为 2 400 元。编制相关会计分录。

9．20×× 年 10 月，玲珑公司销售部共发生费用 220 000 元，其中销售人员薪酬 200 000 元，销售部专用办公设备和房屋的折旧费 40 000 元，业务费 30 000 元。款项均用银行存款支付。不考虑其他因素。编制相关会计分录。

10．20×× 年 5 月，甲公司共发生如下费用，分别编制会计分录。

（1）计提管理部门固定资产折旧 50 000 元。

（2）摊销公司管理部门无形资产成本 80 000 元。

（3）本月管理部门发生固定资产修理费 2000 元（已用银行存款支付）。

11. 某公司行政部 20×× 年 4 月份共发生如下费用，分别编制会计分录。

（1）支付行政人员薪酬 150 000 元。

（2）报销行政人员差旅费 21 000 元（假定报销人员前期预借差旅费 21 000 元）。

（3）计提固定资产折旧 6 800 元。

任务三 利润

【会计分录点睛】

1. 将收入类、利得类账户转入本年利润账户

借：主营业务收入
　　其他业务收入
　　投资收益
　　公允价值变动损益
　　贷：本年利润

2. 将费用类、损失类账户转入本年利润账户

借：本年利润
　　贷：主营业务成本
　　　　其他业务成本
　　　　税金及附加
　　　　销售费用
　　　　管理费用
　　　　财务费用
　　　　资产减值损失
　　　　信用减值损失
　　　　投资收益
　　　　公允价值变动损益

3. 将营业外收支转入本年利润

借：营业外收入

　　贷：本年利润

借：本年利润

　　贷：营业外支出

4. 所得税核算

（1）计算所得税

借：所得税费用

　　贷：应交税费——应交所得税

（2）将所得税费用转入本年利润

借：应交税费——应交所得税

　　贷：本年利润

【经典业务详解】

1. 20×× 年 12 月 23 日，晓镜公司在现金清查中盘盈 350 元。次日，报经批准后将盘盈现金转入营业外收入。

< 解析 >

（1）发现盘盈时

借：库存现金	350	
贷：待处理财产损溢		350

（2）经批准转入营业外收入时

借：待处理财产损溢	350	
贷：营业外收入		350

2. 20×× 年 12 月 31 日，晴川公司本期营业外收入总额为 90 000 元，营业外支出总额为 65 000 元。期末结转至本年利润。

< 解析 >

借：营业外收入	90 000	
贷：本年利润		90 000
借：本年利润	65 000	
贷：营业外支出		65 000

3. 远帆公司为增值税一般纳税人，适用的增值税税率为 13%，存货日常核算采用实际成本法。20×× 年 12 月 10 日，远帆公司原材料因自然灾害损失 40 000 元。12 月 13 日，经批准后全部转作营业外支出。

< 解析 >

（1）12 月 10 日发生原材料自然灾害损失时

借：待处理财产损溢　　40 000

　　贷：原材料　　40 000

（2）12 月 13 日经批准转作营业外支出时

借：营业外支出　　40 000

　　贷：待处理财产损溢　　40 000

4. 潮洛公司 20×× 年度利润总额（税前会计利润）为 20 000 000 元，适用的所得税税率为 25%。潮洛公司全年实发工资及薪金为 2 000 000 元，职工福利费 320 000 元，工会经费 60 000 元，职工教育经费 200 000 元。经查，潮洛公司当年营业外支出中有 100 000 元为税收滞纳罚金。潮洛公司全年无其他纳税调整项目。

< 解析 >

按企业所得税法规定，企业在计算当期应纳税所得额时，可以扣除工资及薪金支出 2 000 000 元，职工福利费支出 280 000 元（2 000 000×14%），工会经费支出 40 000 元（2 000 000×2%），职工教育经费支出 160 000 元（2 000 000×8%）。潮洛公司有两种纳税调整项目：一是已计入当期费用，但超过企业所得税法规定标准的费用支出；二是已计入当期营业外支出，但按企业所得税法规定不允许扣除的税收滞纳金，这两个项目均应调整增加应纳税所得额。

潮洛公司当期所得税的计算如下：

纳税调整增加额 =40 000+20 000+40 000+100 000= 200 000（元）

应纳税所得额 = 税前会计利润 + 纳税调整增加额 =20 000 000+200 0000=20 200 000（元）

当期应交所得税额 =20 200 000×25%=5 050 000（元）

5. 20×× 年，斜月公司应交所得税税额为 600 000 元；递延所得税负债年初数为 200 000 元，年末数为 400 000 元；递延所得税资产年初数为 200 000 元，年末数为 250 000 元。

< 解析 >

斜月所得税费用的计算如下：

递延所得税 =（400 000−200 000）−（300 000−200 000）=100 000（元）

所得税费用 =600 000+100 000=700 000（元）

应编制如下会计分录：

借：所得税费用　　700 000

　　贷：应交税费——应交所得税　　600 000

递延所得税负债　　200 000
递延所得税资产　　100 000

6. 云水公司采用表结法年末一次结转损益类科目，所得税税率为25%。20××年12月31日，该公司有关损益类科目的年末余额如表所示，假设该公司本年度不存在所得税纳税调整因素。

(单位：万元)

科目名称	借或贷	结账前余额
主营业务收入	贷	700
其他业务收入	贷	75
其他收益	贷	10
投资收益	贷	100
营业外收入	贷	5
主营业务成本	借	400
其他业务成本	借	50
税金及附加	借	8
销售费用	借	40
管理费用	借	75
财务费用	借	22
营业外支出	借	25

<解析>

（1）将各损益类科目年末余额结转入“本年利润”科目

①结转各项收入、利得类科目

借：主营业务收入　　7 000 000
　　其他业务收入　　750 000
　　其他收益　　100 000
　　投资收益　　1 000 000
　　营业外收入　　50 000
　　贷：本年利润　　8 900 000

②结转各项费用、损失类科目

借：本年利润　　6 200 000
　　贷：主营业务成本　　4 000 000
　　　　其他业务成本　　5 00 000
　　　　税金及附加　　80 000

销售费用　　400 000

管理费用　　750 000

财务费用　　220 000

营业外支出　　250 000

（2）经过上述结转后，“本年利润”科目的贷方发生额合计 890 万元，减去借方发生额合计 620 万元，即为税前会计利润 270 万元。

（3）应交所得税＝2 700 000×25%＝675 000（元）

①确认所得税费用

借：所得税费用　　675 000

　贷：应交税费——应交所得税　　675 000

②将所得税费用结转入“本年利润”科目

借：本年利润　　675 000

　贷：所得税费用　　675 000

（4）将“本年利润”科目年末余额 202.5 万元转入“利润分配——未分配利润”科目

借：本年利润　　2 025 000

　贷：利润分配——未分配利润　　2 025 000

【经济业务集锦】

1. 20××年 12 月 12 日，甲公司将固定资产报废清理的净收益 7 000 元转入营业外收入。编制相关会计分录。

2. 20××年 12 月 7 日，甲公司的一项非专利技术因被其他新技术所替代，甲公司决定将其转入报废处理。该项非专利技术原值为 150 000 元，已摊销 80 000 元，计提减值准备 20 000 元。编制相关会计分录。

3. 20××年 12 月 21 日，甲公司用银行存款支付税款滞纳金 7 000 元。编制相关会计分录。

4. 20××年，甲公司全年利润总额（即税前会计利润）为 1 000 000 元，其中包括本年实现的国债利息收入 20 000 元，所得税税率为 25%。甲公司全年无其他纳税调整项目。编制相关会计分录。

参考文献：

[1] 财政部会计资格评价中心 . 初级会计实务 [M]. 北京 : 经济科学出版社，2022.
[2] 肖磊荣 . 初级会计实务应试指导及全真模拟测试 [M]. 北京 : 北京科学技术出版社，2022.
[3] 王宗江，张洪波 . 财务会计 [M].6 版 . 北京 : 高等教育出版社，2019.
[4] 王宗江，赵孝廉 . 财务会计学习指导、习题与实训 [M].6 版 . 北京 : 高等教育出版社，2019.